民间饮食习俗

【中国民俗文化丛书】

刘魁立 张旭 主编
宣炳善 编著

中国社会出版社

图书在版编目（CIP）数据

民间饮食习俗／宣炳善编著．—北京：中国社会出版社，2006.9

（中国民俗文化丛书／刘魁立，张旭主编）

ISBN 978-7-5087-1475-2

Ⅰ．民…　Ⅱ．宣…　Ⅲ．饮食—风俗习惯—中国

Ⅳ．K892.25

中国版本图书馆 CIP 数据核字（2006）第 109113 号

丛 书 名： 中国民俗文化丛书
丛书主编： 刘魁立　张　旭
全案策划： 李春园
书　　名： 民间饮食习俗
编　　著： 宣炳善
责任编辑： 李春园
出版发行： 中国社会出版社　邮政编码：100032
通联方法： 北京市西城区二龙路甲 33 号新龙大厦
电　话：（010）66080300　（010）66083600
（010）66085300　（010）66063678
邮购部：（010）66060275　电　传:(010)66051713
编辑室：（010）66060097
网　　址： www.shcbs.com.cn
经　　销： 各地新华书店
印刷装订： 北京市优美印刷有限责任公司
开　　本： 155mm×225mm　16 开
印　　张： 11.75
字　　数： 100 千字
版　　次： 2011 年 4 月第 3 版
印　　次： 2014 年 9 月第 8 次印刷
定　　价： 19.80 元

序

中国民俗学会理事长　　刘魁立

人生活于文化之中，正像人离不开空气一样。《周易》说："观乎天文，以察时变；观乎人文，以化成天下。"无论汉语"文化"一词是否由此而来，这段话至少说明，我们的祖先向来对文化的重要性有十分清楚和极其深刻的理解。文化确乎是人之所以成为人、人类之所以成为人类的根本标志。人创造了文化，文化也创造了人，从这个意义上也可以说，人是文化的动物。

从文化本身来说，相当长一段历史时期的传统文化可以粗略地、也是相对地划分为两大分流，即所谓上层文化（或称高层文化、雅文化、精致文化……）和下层文化（或称基层文化、底层文化、低层文化、民间文化）。

民间文化是人民群众创造的最古老的文化，因为它的根源可以追溯到人类发展的初始阶段；民间文化同时也是最年轻的文化，因为它仍然活生生地存在于人民的日常生活和口碑之中。民间文化还是整个社会文化的基础，并且具有极强的生命力。上层文化往往是对民间文化选择、改造和精致化的结果。

民间文学、民间艺术是民间文化中最富色彩的一个组成部分。它在人类创造的一切艺术中，生命最活跃，涉及最广泛。它以古朴纯真的艺术手段，反映着人民群众的现实生活、理想和追求。它的无数珍品，是当之无愧的美的典范。没有了它，人类将失去多少童真的回忆；没有了它，人类的爱祖国、爱家乡将会缺少多少实际可感的具体内容；没有了它，人类的欢乐、悲伤也将变得干枯而平淡；没有了它，人类将会失掉多少生活的甘美和幽默……

万家社区图书室援建和万家社区读书活动，是建设社会主义文化和建设社会主义新农村的一项战略举措。我们，作为受到农民兄弟哺育和培养的知识界、文化界，有义务用学来的知识回报衣我食我的父老乡亲，这不仅是我们的社会责任，也是我们的荣耀。

中国民俗学会在这项重要活动中，承担有关中国民间传统文化的约50种图书的撰写工作，我们组织了学养很高的，包括大批教授、研究员在内的专家队伍，来完成此项写作任务。他们在相关领域里，学有所长，业有专攻，所有作者都以光荣志愿者的精神，以科学严谨的态度，用生动活泼的文字，把相关的准确而丰富的知识，呈献给农民兄弟和城镇社区的读者。完成这项具有重要意义的写作编书任务，是我们人生当中一件值得骄傲、值得自豪的事情。

中国民间文化是世世代代锤炼和传承的传统文化，其中凝聚着民族的性格、民族的精神、民族的真善美，是中华民族彼此认同的标志，是祖国同胞沟通情感的纽带。历史悠久、内涵丰富的传统文化也是我们中华民族对人类文化多样性发展的巨大贡献。急剧变化的时代在淘洗着传统的民间文化。在当今时代，我们尤其有必要对我们丰富淳厚、历史悠远的民俗传统立此存照，将其中的优秀部分及其真谛展示给广大民众，使他们对中华大地、对祖国同胞、对优秀的文化传统和淳厚的民俗民风怀有更深刻的眷恋、热爱和崇敬。继承和发扬中华民族创造的非常丰富而优秀的非物质文化遗产和民族精神，是我们的幸事，也是我们的历史责任。

我希望在大家的共同努力下，民间文化之花越开越鲜艳，为我们祖国、为我们中华民族赢得一个永恒的春天。

目录

第一章

儒家与民间饮食习俗

儒家“食不厌精”的饮食追求

不同于西方的罪感文化、日本的耻感文化，中国文化的特性可概括为乐感文化：人生就应快乐、欢乐、享乐。前人有云：“食色，性也。”民以食为天，食是人的固有本性，中外皆然。但中国人对吃有诸多讲究，即不把吃看成仅仅是为了果腹、为了活着，而是把它看成一种享受、享乐，所以才讲究色、香、味，才讲究“割不正不食”。在中国，烹饪不仅是一门技术，还是一门艺术。儒家文化在古代可以说是中国的主导文化，重视饮食养生之道，这和中国人总体上重视饮食之道是十分契合的。有一个国际笑话，说日本人是把不好吃的东西还是做成不好吃的，美国人是把好吃的东西做成很不好吃的，而只有中国人能把不好吃的东西做成好吃的，好吃的东西做得更好吃的。言下之意是说，只有中国人在烧菜做饭的饮食之道上做得最好。中国现代作家林语堂曾经说过关于世界上美好生活的一个设想，向我们描述说："要生活在英国的乡村，住有美国电器的房子，娶一个日本妻子，聘一个中国厨子，找一个法国情人。"这当然只是一个开玩笑的说法，但林语堂说要聘一个中国厨师倒是十分在理，因为中国菜是靠手艺和经验做的，每个厨师的手艺不一样，烧出来的菜的风味也就不一样，每个菜都具有个人风格。

像美国的牛排，从东部的纽约到西部的旧金山，烧出来的味道都是一模一样的。这在中国人看来是不可思议的。因为在中国，每位家庭主妇烧出来的菜都不一样。烧菜在中国成了手艺，成了生活中的艺术。而在美国，烧菜就是严格按菜单上的指示做，盐如果是 5 克那么就不能放 6 克，面包该烤 10 分钟就不能烤 11 分钟，一切都十分科学，于是味道就一模一样。因为只有科学，没有艺术了。而中国人的饮食则是非常艺术化的体验，尤其在古代上层社会。如在西周时期，帝王在日常饮食时要奏乐助兴，古书上叫做"以乐侑食"。据《周礼·天官》记载："以乐侑食。膳夫受祭，品尝食，王乃食。"意思是，周代王君在进餐时，要奏乐助兴，在膳夫尝了以后，王才进食。在进食中，听轻快的乐曲，有助于消化吸收，这当然是生活中的艺术。普通老百姓虽然没有这么高的艺术享受，但中国人对色香味的普遍追求也是一种典型的日常饮食的艺术化特点。

中国菜由于不是统一地科学化、标准化制作，于是风味万种。中国菜在世界上享有盛名，这当然是生活中艺术的力量。中国人强调对吃的追求，这在一定程度上是受了儒家的影响，因为儒家的饮食观点强调"食不厌精，脍不厌细"。

"食不厌精，脍不厌细"是典型的儒家的饮食文化追求，这句话出自《论语·乡党》，其原文是："食不厌精，脍不厌细。

食饐而餲，鱼馁而肉败，不食。色恶，不食。臭恶，不食。失饪，不食。不时，不食。割不正，不食。不得其酱，不食。肉虽多，不使胜食气。唯酒无量，不及乱。沽酒市脯不食。不撤姜食，不多食。”

这段话的意思是说：食物越精细越好，烹饪越精细越好。粟米发霉了，就不要再吃；鱼发臭了、肉变质了都不能吃；色泽异样的食物不能吃；气味不正常的食物也不能吃；食物烹饪的方法不得当也不吃；还没到吃饭的时候就不吃饭；肉切得不是方方正正的也不吃；没有调味的酱，也不吃；吃饭时提供的肉虽多，但也不能超过主食。只有酒可以多喝一些，但也要把握住不失礼度的原则，不能喝醉。市场上买来的酒和肉干都不可以食用；吃饭的时候应该有生姜，但生姜也不可以吃得太多。

孔子主张食物一要清洁，腐败变质的食物不吃；二要美观，肉要切得方方正正，如果切得歪歪斜斜，孔子是不吃的；第三饮食要适度，喝酒不能过度；第四就是注意保健养生，每次吃饭，孔子都要吃一点儿姜。

孔子像

生姜的保健作用是很明显的，在这里要特别说明一点：生姜以肥大的肉质根茎供食用，可做香辛调料，是重要调味品之一，是良好的健胃、祛寒和发汗剂。生姜烹饪时能将自身的辛辣芳香味道渗入菜肴内，能去鱼腥除肉膻，是煎鱼、烧鸭的重要作料。在吃螃蟹、海鲜时蘸上姜末和醋亦能起到一定的除腥作用。常吃生姜制品能增加食欲，老年人多吃姜的制品及加姜的菜肴对健身祛病有好处。妇女产后气血虚亏、经冷淤血多，内服生姜红糖汤可温经散寒，去淤血，缓解女性痛经，对产妇健康和体力恢复很有好处，故生姜是产妇必用的食品。

在江浙一带，民间有饮生姜红糖茶的习惯。其方法是将不去皮的生姜切成片，加上适量红糖，在水中煮15分钟左右即可饮用。其功效就是祛风散寒，对于淋了大雨的人防止感冒很有作用。

说起生姜，鲁迅先生曾对儒家的代表人物孔子晚年吃生姜和他的胃病之间的关系有个推测。鲁迅先生在《南腔北调集》中有一篇非常有趣的文章，发表于1933年，题目是《由中国女人的脚，推定中国人之非中庸，又由此推定孔夫子有胃病》。在这篇文章中，鲁迅先生风趣地推测孔子晚年的饮食习惯：

我们就可以进而推定孔子晚年，是生了胃病的了。"割不正不食"，这是他老先生的古板规矩，但"食不厌精，脍不厌细"的条令却有些稀奇。他并非百万富翁或能收许多版税的文学家，想不至于这么奢侈的，除了只为卫生，意在容易消化之外，别无解法。况且"不撤姜食"，又简直是省不掉暖胃药了。何必如此独厚于胃，念念不忘呢？曰，以其有胃病之故也。

鲁迅先生因为曾经留学日本学习医学，对于医学比较了解，所以他对于孔子晚年喜欢吃生姜和胃病有关的推测是有一定道理的。

孔子“食不厌精，脍不厌细”的饮食原则后来也影响到孔府菜的总体风格。孔府菜是鲁菜三大组成部分之一，在中国各大菜系中，孔府菜经历的年代最久、文化品味最高，形成了一整套独特的菜谱和烹饪方法，继承孔子“食不厌精，脍不厌细”的饮食原则，成为风味独特的典型官府菜。20 世纪 80 年代以来，孔府菜陆续推出寿、喜、家宴等孔府三大宴，每年慕名而来的中外游客不计其数。

民间四季饮食养生之道

中医作为中国文化的代表，在饮食养生方面有丰富的经验。饮食养生在春夏秋冬四季中的体现最为明显，也就是说不同的季节有不同的饮食风格与模式，人应适应季节，调养生气，使肌体与外界统一起来。而中国人的饮食根据季节阴阳的变化而变化，从而体现出天人合一的中国传统文化的特征。以下分别从春夏秋冬四个季节进行说明。

春天是万物生长、万象更新的季节。《黄帝内经·素问》中记载：“春三月，此谓发陈，天地俱生，万物以荣。”意思是说，在春天的三个月里，所有生物都生机盎然，欣欣向荣。而人响应春天气候的变化，这叫做“春气之应，养生之道也”。

春季万物萌生，正是调养身体五脏的大好时机。按照中医四季养生原则，春季补五脏应以养肝为先。根据中医“春宜养阳，重在养肝”等理论，春季人体肝的功能比较旺盛，所以应注意补肝。俗语说，药补不如食补，意思是说吃很多药还不如在饮食上注意调养，在一定程度上反而会比食用药物更有效。而春季食补方法中一个比较有效的方法就是食用鸡肝。

鸡肝味甘而温，补血养肝，是食补养肝的佳品，比其他动物肝脏补肝的作用更强，而且可以起到温胃的作用。具体用法是：取新鲜的鸡肝3只，大米100克，同煮为粥服食。可治中老年人肝血不足，饮食不佳，眼睛干涩或流泪等症状。此外，老年人肢体麻木者，也可用鸡肝5只，天麻20克，一同蒸服，每日一次，服用10天左右，就会有一定的效果。

中医认为，“春日宜省酸增甘，以养脾气。”这是因为春季为肝气旺之时，肝气旺则会影响到脾，所以春季容易出现脾胃虚弱病症；而多吃酸味的食物，会使肝功能偏亢，故春季饮食调养，宜选辛、甘温之品，少吃酸涩的食物。明代高濂《遵生八笺》中也记载：“当春之时，食味宜减酸增甘，以养脾气。”意思是说春季肝旺之时，要少食酸性食物，否则会使肝火更旺，伤及脾胃。此时可以多食一些性味甘平的食品。菠菜为春天的应时蔬菜，具有滋阴、舒肝、养血等作用，对肝气不舒并发胃病的辅助治疗很有效果。

夏季的饮食养生和春季有所不同。按中医理论，夏属火，与心相应，所以在赤日炎炎的夏季，要重视心神的调养。《素问·四气调神大论》指出：“使志无怒，使华英成秀，使气得泄，若所爱在外，此夏气之应，养长之道也。”也就是说，夏季要神清气和，快乐欢畅，胸怀宽阔，精神饱满，如同含苞待放的花朵需要阳光那样，对外界事物要有浓厚兴趣，培养乐观外向的性格，以利于气机的通泄。与此相反，像恼怒忧郁，就有碍气机，都不太适合饮食养生。嵇康《养生论》说，夏季炎热，

“更宜调息静心，常如冰雪在心，炎热亦于吾心少减，不可以热为热，更生热矣”。说的是“心静自然凉”的心灵内修的夏季养生法。

夏天气温高，出汗多，饮水多，胃酸被冲淡，消化液分泌相对减少，消化功能减弱，致使食欲不振；再加上天热人们贪吃生冷食物造成胃肠功能紊乱，或因食物不清洁易引致胃肠不适，甚至食物中毒。因此，夏季饮食应清淡而又能促进食欲，这样才能达到养生保健的目的。中医认为，凡有苦味的蔬菜，大多具有清热的作用，因此，营养学家建议，夏季经常吃些苦菜、苦瓜等苦味食品，能起到解热祛暑、消除疲劳等作用。如素有“菜中君子”美称的苦瓜，苦中带甘，略含清香，食之回味隽永。夏天常食苦瓜汤或苦瓜菜肴，能调和脾胃，清除疲劳，醒脑提神，对中暑、胃肠道疾病有一定的预防作用。苦菜也是一味药食同源的蔬菜，具有清凉解毒、防治胃肠炎等功能。食用苦菜时，将它的根、叶洗净，可拌、可炒、可做汤，味道苦中带香，是解暑开胃的佳肴，而且对肠炎、痢疾等有一定的防治作用。夏季出汗较多，不妨喝点带苦味的饮料，啤酒、绿茶、苦丁茶等都是不错的选择。夏季酷暑炎热、高温湿重，吃苦味食物，就能清泄暑热，增进食欲。

秋季是从立秋至立冬三个月。秋季的特点是由热转寒，阳消阴长。所以秋季养生保健必须遵循“养收”的原则，其中饮食保健以润燥益气、清润甘酸为中心。

秋季的养生准则与春夏两季截然不同，是以养人体阴气为本。饮食以滋阴润肺、回收阳气为主，即平稳地完成夏冬两季热冷交替。多食性温之食，少食寒凉之物，以固摄人体正气。

秋季天高气爽，空气干燥，气温逐渐降低，湿度逐渐减少，天气忽冷忽热，变化急剧。因此平时要多饮水，以维持水代谢的平衡，防止皮肤干裂、邪火上侵；多吃蔬菜、水果，以补充体内维生素和矿物质，中和体内多余的酸性代谢物，起到清火解毒之效；多吃豆类等高蛋白植物性食物，少吃油腻厚味。饮食上要尽可能少食用葱、姜、蒜、韭、椒等辛味之品，不宜多吃烧烤，以防加重“秋燥”症状。应贯彻“少辛多酸”的原则，肺主辛味，肝主酸味，辛味能胜酸，故秋季要减辛以平肺气，增酸以助肝气，以防肺气太过胜肝，使肝气郁结。可多食用芝麻、糯米、蜂蜜、荸荠、葡萄、萝卜、梨、柿、莲子、百合、甘蔗、香蕉、银耳、乳品等。

特别适合秋季食用的蔬菜有芹菜和白木耳。芹菜又称水芹，为家常菜，味甘性凉，入肺、胃经。芹菜食嫩茎，做菜肴，味香美，久食能消火。芹菜含铁量较高，为缺铁性贫血的食补佳品。白木耳又称银耳，味甘淡，性平，入肺、胃、肾经，是滋阴润肺的佳品，被誉为菌中之冠，是良好的营养滋补佳品，对高血压也有一定疗效。白木耳以黄白色、朵大有光泽、肉厚为佳。

从另外一个方面来看，由于从炎夏转入凉秋，人体常常觉得比较舒服，胃口也会好起来，使秋季成了一个良好的进补季节。在进补过程中应平补，这是适应秋季气候凉爽、阴阳相对平衡的一种进补法则。所谓平补，就是选用寒温之性不明显的平性滋补品。另外，秋季阴阳虽相对平衡，但“燥”是秋季的主气，肺易被燥所伤，进补时还应当注意润补，即养阴、生津、润肺，采取平补、润补相结合的方法，以达养阴润肺的目的。补肺润燥，要多用芝麻、蜂蜜、水果等柔软、含水分较多的甘润食物，一方面，可以直接补充人体的水分，以防止嘴唇开裂等气候干燥对人所产生的直接伤害；另一方面，通过这些食物或药物补养肺阴，防止因肌体在肺阴虚的基础上再受燥邪影响，产生疾病。早晨饮适量的淡盐水，晚上饮适量的蜂蜜水，既是补水分、防便秘的好方法，又是养生、抗衰老的主要内容。

冬季，肌体处于封藏状态，阳气不致妄泄，脾胃机能亦较健旺，因此，这时正是养阴滋补的大好时机。中医认为，“秋冬养阴”，既不宜食用生冷之品，也不宜食用燥热之品，最宜食用滋阴的膳食，如甲鱼、黑木耳、藕、芝麻等都是有益的食品。为避免维生素缺乏，应摄取新鲜蔬菜，如胡萝卜、青菜及绿豆芽等。冬季是饮食补养的最佳季节，民间有“冬季进补，开春打虎”的谚语，尤其是冬至日后进补最好。因为冬至是冬三月气候转变的分界线，从冬至之后，阴气开始消退，阳气逐渐回升，在闭藏中含有活泼的生机。此时进补，药力易于蕴藏而发挥效能，是虚弱之体调养的最好时机。

冬季饮食调养有三多：一可以多喝粥。古代养生家多提倡深冬晨起宜喝些热粥。《饮膳正要》中认为冬季宜服羊肉粥，以温补阳气。如若在粳米粥中加点红枣、赤豆可使人觉周身温暖，精力倍增。民间有冬至吃赤豆粥、腊月初八吃“腊八粥”、腊月二十五吃“八宝粥”的习惯。冬日宜食养心除烦的麦片粥、消食化痰的萝卜粥、补肺益胃的山药粥、养阴固精的核桃粥、健脾养胃的茯苓粥、益气养阴的大枣粥、调中开胃的玉米粥、滋补肝肾的红薯粥等。二可以多吃些温热之品以壮阳。如宜吃牛羊肉、狗肉、桂圆肉、枣、蛋、山药、猪血、糯米、韭菜等。三可以多吃些坚果。如核桃、板栗、松子，以及花生、葵花子等。

冬季，偏于阳虚的食补以羊、鸡肉等温热品为宜。俗语说，“三九补一冬，来年无病痛。”冬季适当进补可提高肌体的抗病能力。此时人的皮肤致密，出汗较少，摄入的营养物质也容易贮藏起来，为明年开春乃至全年的健康打下良好的基础。“进补”一般是针对“体质虚弱”的人及老年人来说的。“体虚”应根据其气虚、血虚、阳虚、阴虚等虚症分别选用适当方法进行施补，才能收到良好的效果。老年人多以肾虚为主，所以补肾尤为重要。进补的方法主要有两种，一是食补，二是药补。食补在冬季调摄中尤为重要。冬令进补可预防疾病的发生，达到养生保健的目的，正如《黄帝内经》中所说：“放藏于精者，春不病温。”意即冬令进补，能使“精气”储存于体内，到了春天就不会生病。冬令进补的同时，应坚持参加适当的体育运动，这样可促进新陈代谢。

冬季可适当多吃的几种食物有：

羊肉：羊肉性温，能带给人体许多热量，所含钙质、铁质，也远远高于牛肉、猪肉。中医认为，羊肉能助元阳、补精血、治肺虚、除劳损，是一种绝好的滋补强壮食品。羊不容易患肺病，常吃羊肉、喝羊奶，对肺病颇有疗效。

萝卜：俗话说：“冬吃萝卜夏吃姜，不用医生开药方。”萝卜味甘辛，性凉，有顺气消食、除燥生津、散瘀解毒等作用。白萝卜煎汤，可治伤风感冒；用萝卜、生姜、蜂蜜、水煎服，可治咳嗽。

核桃：在我国有“长寿果”之称。其产热量为粮食和瘦肉的两倍，且富含脂肪，营养丰富，有强肾补脑之功。凡冬季体弱者，每天在早晚吃一两个核桃仁，能起到强劲身体的作用。

栗子：性甘温无毒，有养胃健脾、补肾强筋之效，适于冬季食用，是中年人抗衰老、防疾病的滋补佳品。吃栗子的时候，民间认为只要慢慢地细嚼，就会起到补肾的作用。

当然，对于肥胖的人来说，冬季是减轻体重、控制肥胖的大好时机。肥胖者晚餐应少吃，并安排得清淡一些。如果晚上摄入过多的营养，则容易转化成脂肪储存在体内，使体重增加。

食疗中的中医精神

中医认为，人处在天地之间，作为自然界的一部分，与自然具有相通相应的互渗关系，体现了“天人相应”的中国文化特征。前面说过，四季饮食非常强调同季节变化之间的和谐关系，如中医的“四季五补”说。进补讲究季节、自然界的四时阴阳消长变化，与人体五脏功能活动相互关联，不同时期进补有别，药膳的“四季五补”说的就是这个道理。本来四季的对应只有四补，但由于受到汉代五行思想的影响，把夏季分成初夏、长夏两个小季节来处理，所以有“四季五补”之说。

春天万物苏醒，五脏属肝，适宜升补。

初夏天气已热，五脏属心，宜于清补。长夏气候炎热，五脏属脾，宜于淡补。清补是用性质偏凉或具有泻实作用的食物进行补益的方法，较适用于偏于实热体质的人群，或在夏秋季采用。采用的多为小米、萝卜、冬瓜、西瓜、梨等偏于寒凉的食物，这些食物有清热通便、促进胃肠蠕动、增强吸收功能、泻中求补、祛实补虚等作用。

秋季天气凉爽，五脏属肺，宜于平补。平补是用性质平和的食物进行补益的方法，较适用于普通人群中身体偏虚的人群。此法多采用大多数谷类、豆类、大多数的蔬菜水果及禽蛋肉乳等食物。这些食物不寒不热、性质平和、滋补气血，且有阴阳双补的作用。

冬季气温寒冷，五脏属肾，宜于温补。温补是用温热性食物进行补益的方法，较适用于因阳气虚弱且有畏寒肢冷、神疲乏力等症状的人群，宜在冬、春季采用。羊肉、狗肉、河虾、海虾、大枣、桂圆肉等偏温的食物具有温补肾阳、御寒增暖、增强性功能等作用，都是温补法可以选取的食物。

从整体上来说，春天是升补，夏天是清补，秋天是平补，冬天是温补。而升补在一定意义上也是温补，主要是针对肝脏的机能的提升，所以名为升补，而且更加强调从冬天转为春天时的节气的变化及其时食物的相应变化。

《黄帝内经》有关于食疗的记载："凡欲诊病，必问饮食居处。"是说给病人看病时，一定要询问病人的饮食情况和居住环境。在《黄帝内经·素问》中还提出了"膳食配伍"治疗原则："肝色青，宜食甘，粳米、牛肉、枣、葵皆甘。心色赤，宜食酸，小豆、犬肉、李、韭皆酸。肺色白，宜食苦，麦、羊肉、杏、薤皆苦。脾色黄，宜食咸，大豆、豚肉、栗、藿皆咸。肾色黑，宜食辛，黄黎、鸡肉、桃、葱皆辛。"这就是五脏与饮食之间的内在关系。比如吃牛肉、枣子等性甘的食物在中医看来有利于肝脏，这就是我们平时所说的食物疗法。

食物疗法，又称饮食疗法，简称食疗。俗话说："药补不如食补”，“凡病三分治、七分养”，说明食疗是防病治病的一种好办法。而掌握阴阳变化规律，围绕调理阴阳进行食疗活动，使肌体保持阴阳平衡，是传统养生理论核心所在。如《素问·至真要大论》所说：“谨察阴阳之所在，以平为期。”中医理论认为，人生病，究其原因，都是由于阴阳失调之故。因此饮食养生、治疗与康复手段，和药物疗法、针灸、气功、按摩、导引等一样，都将调理阴阳奉为基本原则。《素问》中说：“调其阴阳，不足则补，有余则泻。”对饮食的宜与忌，中医也是以阴阳平衡作为出发点的。例如体胖的人多痰湿，适宜多食清淡化痰的食物；体瘦的人多阴虚，血亏津少，所以宜多吃滋阴生津的食物；痰湿质人应忌食油腻；木火质人应忌食辛辣；阴不足、阳有余的老年人，则应忌食大热峻补之品；某些患者，如皮肤病、哮喘病人应忌食虾鱼等海产品发物；胃寒患者忌食生冷食物，等等。总之，体现“虚则补之”，“实则泻之”，“寒者热之”，“热者寒之”等原则。

另外，在食物搭配和饮食调剂制备方面，中医也是注重调和阴阳的，使所用膳食无偏寒、偏热等缺陷。例如烹调鱼、虾、蟹等寒性食物时总要配以姜、葱、酒、醋类温性的调料，以防止性偏寒凉，食后有损脾胃之弊。又如食用韭菜等助阳类蔬菜常配以蛋类滋阴之品，也是为了达到阴阳互补之目的。

因此，中医使用食物和药物来进行营养保健或治疗康复的情况是极其普遍的。食与药同用，主要基于食物和药物的应用皆由同一理论指导，也就是“食药同理”。善治药者不如善治食者。数千年来，在中医药发展过程中，食药同源，食药同理，食药同用已经成为常见的现实，成为中医饮食养生的一大特点。

中医历来认为药食同源。我国最早的药学专著《神农本草经》中列为上品的大部分是日常食物，食品与药品之间没有绝对的界限，只是一般称为食品的性味偏于平和。比如：大米、小麦、红枣、山药、干姜、茴香、花椒、胡椒、黄花、木耳、杏仁、百合、核桃、莲子、蜂蜜、香油、西瓜、大蒜等，都是我们常吃的食品，又都是常用的中药。

《黄帝内经》上说，“五谷为养，五果为助。”实际上我们平常的膳食多数都有药物的功效。比如大家都很熟悉的红糖姜汤可以解表散寒，治风寒感冒初起；薏米粥可以清热健脾，祛除面部黄褐斑；木耳可以解毒清热，清洗体内粉尘垃圾；还有茴香可以温胃散寒；百合可以宣肺止咳，等等。在不同的时令，针对不同的体质体态，吃不同的食品，可以起到防病、祛病的作用。

这里推荐几个常见的食疗方：

凉拌苦瓜

取鲜苦瓜100克洗净，再用凉开水冲洗一下，切成薄片，用适量麻油或橄榄油调拌。由于苦瓜性寒味苦，有清热解毒、止渴除烦的功效，经常食用，有助于降低血糖，适用于糖尿病患者。

百合粥

取百合50克，粳米60克。先将百合与米分别洗净，放入锅内，加水，用小火煨煮。等百合与粳米熟烂时，加白糖适量，即可食用，有清热解毒的作用。如果在百合粥内加入适量银耳，则有较强的滋阴润肺作用；如果加入绿豆，可加强清热解毒的功效。

枸杞蒸全鸡

材料：一只母鸡约1000克，枸杞子30克，调料少许。

方法：将30克枸杞子放入鸡腹内加调料后隔水蒸两小时，分二至三次食用。适用于手足心热、盗汗、头昏目涩、腰膝酸软、舌红苔少的患者，有助于养阴、补益肝肾。

在食疗问题上，应特别注意不要随便食用各种保健用品和营养液，因为目前中国的保健用品市场还不是很规范，某些保健营养品并没有特别的功效，许多广告有夸大其辞的片面宣传的成分。真正的食疗是以自然的食物为主，而不是盲目地服药进补。

第二章

岁时节日中的饮食习俗

端午节与重阳节的饮食习俗

一、端午节饮食习俗

端午节与重阳节是中国两个最大的阴阳节。古代过端午节，其实民众的内心是十分恐惧的。农历五月初五的端午一直被国人视为恶月恶日，要是有人在端午这一天生下小孩，那么对不起，按照中国人的传统民俗，这个小孩就得淹死或丢弃，文献上叫做“五月五不举子”。《史记·孟尝君列传》记载，孟尝君不幸生于五月五日，他的父亲田婴相信五月初五生下的子女，长大后将与门户一样高，将不利其父母，准备丢弃这个婴儿。幸亏其妾冒着生命危险把这个孩子偷偷养下来。这个恶月恶日的忌讳，在汉代深入民心。随着人类社会的进步和发展，这个残暴的民俗渐渐被摒弃了。

西汉的《淮南子·时则训》中说，夏至端午的时候，是阴阳争、死生分、君子斋戒的日子。端午这一天在阴阳信仰里面，是阳气达到最大点、而令人恐怖的阴气刚刚开始产生的时候，所以中国有一个民间谚语说这一天要“端午端端坐”，如果在外面乱跑，招惹了刚刚萌生的阴气，很可能小命就没了，至少古人是这么信仰的。所以在这一天，人们要喝属阳的雄黄酒驱阴避邪。白娘子正是在这一天喝下了许仙的雄黄酒而现出蛇的原形。而在门上挂菖蒲、艾草，也是以阳驱阴的意思。竞渡划船则是送瘟神的意思，并不是像现在这样比赛谁划得快，划得快的还可拿奖金，古人没有这样的美事。南方的粽子则是中国人典型的阴阳食品。南方的粽子和北方的角黍有一些相似的地方。东晋周处的《风土记》中说，北方的角黍是以阳包阴，外面的箬叶象征阳，里面的黍米象征阴，用菰叶（茭白叶）包黍米成牛角状，称“角黍”。“角黍”最早是用来祭祖的。而南方人最早并没有发明粽子，而是一直使用粽筒，也就是斩竹子的一段作为盛米的容器，放在火上烤熟后成为“筒粽”，也就是现在大家熟悉的竹筒饭。南朝的宗懔在《荆楚岁时记》中说：“夏至节日，食粽……民斩新竹笋为筒粽。”南方的粽子在筒粽的基础上又受到北方角黍的影响，魏晋南北朝时粽子也叫角粽，从名称的混合中就可以看出其内在的联系。所以夏至前后的端午节是中国人传统的夏季卫生保健节，但在今天医学发达的时代，人们已经不必这么紧张兮兮的了，现在流行的端午习俗更多带有游戏娱乐的特点，至少已经没有那份以阳驱阴的虔诚的阴阳信仰了。

粽子如果是用草木灰水浸黍米，因草木灰水中含碱，用菰叶包黍米成四角形，煮熟就成为碱水粽。碱水粽性凉，吃起来很爽口，有清凉的保健作用。端午吃粽子，一般人认为是为了纪念伟大诗人屈原。因为传说屈原投水而死后，民众很想念他，担心蛟龙会吞吃屈原的尸体，于是向水中投粽子，意思是希望蛟龙不要去吃屈原，去吃粽子好了。这当然只是口头传说，体现了民众对屈原深切的怀念。实际上，粽子和屈原毫无关系。南方的粽子并不是为了纪念屈原，而是一种典型的以阳包阴的阴阳食品。

端午食粽作为全国性风俗最早始见于西晋周处撰的《风土记》："仲夏端午，烹鹜角黍。"到了唐宋时期，粽子已经成为端午节的必备食品。在我国，地域不同，粽子也各具地方特色。如广东粽子个头大，外形别致，除鲜肉粽、豆沙粽外，还有用鸡肉丁、鸭肉丁、叉烧肉、蛋黄、冬菇、绿豆蓉等调配为馅料的什锦粽。浙江宁波粽子多为四角形，有碱水粽、赤豆粽、红枣粽等品种，其代表性的碱水粽，是在糯米中加入适量的碱水，用老黄箬叶裹扎，煮熟后糯米变成浅黄色，可蘸白糖吃，十分清香可口。

浙江嘉兴粽子中最有名的是五芳斋粽子，有鲜肉、豆沙、板栗、鸡蛋黄等品种。如鲜肉粽，常常是一块瘦肉中带一些肥肉，粽子煮熟后，肥肉的油渗入米内，入口肥而不腻。北京粽子是北方粽子的代表品种，其个头较小，为斜四角形。北郊农村，习惯吃大黄米粽，黏韧而清香，多以红枣、豆沙为馅。其他较为著名的粽子还有四川、两湖的辣粽、贵州的酸菜粽、苏北的咸蛋粽等。台湾的粽子制法分为南北两种。北部作法是将米浸泡于水中，沥干后用油炒香，并拌入五香粉、胡椒粉、酱油等调味料，包裹后蒸食。南部的做法是用糯米浸泡后加肉馅，

四川辣粽

以绿竹叶包裹，再煮熟。因为制作方式有别，所以南北两地的粽子也风味各异。北部的粽子有浓郁的五香胡椒味，南部的肉粽则带有淡淡的竹叶清香，各有特色。馅料的内容则有猪肉、香菇、虾米、花生、咸蛋黄、红葱头、栗子、蚝干等，随个人喜好增添。

有些地方，端午节并不一定吃粽子，而是吃其他东西，这样就体现了强烈的节日饮食的地方文化特征。如在明清时期，上海嘉定县过端午节，不论贫富，必买石首鱼（俗称鳇鱼）煮食。有些地方还有“当裤子、买黄鱼”的俗谚。在浙江一带，端午节前后，几乎家家户户都要吃绿豆糕，由于主要材料是绿豆粉做的，因此吃起来十分清香，有防暑的作用。台湾有些地区有端午吃桃、茄子及菜豆的民俗，认为这样可以健康长寿。台湾有俗话说：“食茄吃到会摇，吃豆吃到老老。”

客家人过端午节的时候，也喜欢吃茄子及长豆等。这些食物所代表的意义则比较有趣，如吃长豆是为了不被蛇咬，因为长豆形状像蛇。客家人包粽子分碱粽及咸粽。碱粽特别用作祭祀专用，是不可或缺的祭品。咸粽则是日常饮食。有些地方还有端午吃薄饼的民俗。在2006年5月28日的香港《大公报》上，展华先生写了一篇题为《端午吃“薄饼”》的文章，文章中说：

在我家乡闽南和一衣带水风俗相同的台湾，每年端午节期间城乡都有吃薄饼这一节日食俗。“薄饼”其实并不薄，它用面粉烙成圆状面皮，像一剪裁的圆纸。卷食时，加上事先做熟、切细、碾碎的甜馅料和咸馅料，称得上是一种独特的快餐食品。有的乡村并不都在同一日子吃薄饼，于是便相互赠送品尝，有些人家还特邀亲友到家中开“品尝会”，主人泡沏功夫茶或酸梅汤，摆上饼皮、各式馅料，像吃自助餐似的，大家无拘无束，自选自卷，边尝边聊，很能体现出亲情友谊与节日意味。有人说，吃薄饼是自助餐雏形，这话颇有道理。

上世纪五十年代，三餐能够填饱肚子是人们的一大奢望。童年的我每当从大人的口中打听哪位亲戚家过节吃薄饼的确切日子，就禁不住天天渴盼，扳着指头算起倒计时。尤其是日子临近更是辗转反侧，只恨夜长。尽管那时的薄饼馅料大多是蔬菜、豆腐、面茶、食糖和一些雪白的肥肉，但对于肚肠生锈的饥民来说，不啻于尝到一餐御膳。

极左年代，有些乡村干部竟然剥夺村民端午节吃薄饼的权利，说端午节吃薄饼是“封资修”的东西。其实，他们有的也是伪君子。在我们那里就闹过一个笑话，有一年端午节，某大队支部书记一大早就手握着长长的话筒，登上大队部的楼顶，命令社员们不能烙薄饼，一经发现要扣工分并写检讨。有胆大的社员向他理会，说端午节吃薄饼是纪念屈原，这个目不识丁的大队支书竟不知屈原是谁，回答说："什么七元八元的，不能烙就是不能烙。"社员们有的不信邪，甚至包括大队支书的老婆。到了中午，支书喊得喉咙干枯，肚子叽咕回到家，喝了一大杯凉开水后，迫不及待地问老婆："薄饼放在哪里?"他老婆若无其事地说："哪有什么薄饼，你不是说不让烙吗?"支书说："嗨哟，我喊我的，你烙你的不就好吗?"其实，他老婆和孩子早把薄饼吃到肚里，有意让支书尝尝没有薄饼可吃是一种什么滋味。

改革开放后，我家乡人的生活如水涨船高，端午节吃薄饼的方式、质量和情调也在翻新。薄饼的内容多以肉丝、蛋丝、虾仁、蟹肉、芦笋、韭黄等为主。有的讲究吃新奇，竟用海苔、虎栖等海藻野菜为配料，这类馅料在贫困年代是作为果腹之物的，如今返璞归真大潮伴随着物质生活提高而高涨，昔日不屑一顾的野菜被当作高级馅料加盟薄饼馅料之中，而且被请上星级酒楼。

展华先生的这篇文章读起来十分亲切，且也说明节日饮食的文化传统的力量是很强大的，就是在政治极左年代，民众还是要过自己的节日，吃自己喜欢的传统食物。

二、重阳节饮食习俗

端午节可以说是中国的第一大阴阳节。端午这一天阳气达到最大点，而阴气刚刚开始产生，所以在要想方没法抑止阴气的产生。而重阳节是中国的第二大阴阳节。重阳这一天是阴气达到最大点，而阳气刚刚开始产生，和端午节在阴阳上正好相反。由于阴气达到最大点，所以要登高避阴气，而且爬得越高越好。爬得越高，就离太阳越近，也就越远离阴气。登上山后，还要在头上插象征阳气的茱萸以驱除阴气，就像端午节在门口挂菖蒲、艾草一样。所以东晋周处的《风土记》中说："以重阳相会，登山饮菊花酒，谓之登高会，又云茱萸会。"

重阳节饮菊花酒，是一件风雅事。说起菊花酒，就很有文人雅致，因为梅兰竹菊在中国称为四君子，是品德高尚的象征。而吃菊花，早在屈原的《楚辞》中就有"夕餐秋菊之落英"的句子，讲的就是服食菊花。这在当时是一种高雅脱俗的象征。重阳节正值农历九月初九，饮酒，一方面取其九九长久之意，另一方面则因菊花酒自有其医药上的功用。陶渊明诗云："酒能祛百虑，菊解制颓龄。"由于酒能解除忧虑，菊花能延年益寿，所以，古人认为喝菊花酒不但可以长命百岁，同时也可以避恶及解除不祥之气。

关于菊花酒的做法，在《西京杂记》中有详细的记载。当菊花盛开之时，把菊花连枝带叶一起采下来，和黍米放在一起酿造，等到第二年的九月初九，便可饮用，以迎重阳。九月九日所酿的菊花酒在古代被视为延年益寿的长命酒，《太清记》称："九月九日探菊花与茯苓、松脂，久服之令人不老。"菊花酒虽然达不到"令人不老"的奇效，但它的确有清热解毒、平肝明目的药用价值。重阳酿酒、赏酒之俗在民间持续传承，山东等地在近现代仍多于重阳造菊花酒，当地谣谚有："九月九，九重阳，菊花做酒满缸香。"除饮菊花酒外，又有插菊花枝、赏菊花等文人雅事。杜牧诗云："尘世难逢开口笑，菊花须插满头归。"而重阳插菊的用意，也不外取其求吉祥、避邪恶、取康宁之意，和佩茱萸的作用殊途同归。

华北重阳节吃重阳糕，也很有讲究。糕最早叫"饵"，饵的原料是米粉，米粉有稻米粉与黍米粉两种，黍米有黏性。粟和黍不一样，在本书开头第一章讨论儒家"食不厌精，脍不厌细"时，曾经分析过孔子吃的是粟米。粟米没有黏性，而黍米有黏性。黍为五谷之长，黍在古代是祭祖的佳品，相对来说，黍米比粟米要贵重一些。九月，黍谷成熟，人们以黍米为应时的尝新食品，因此，首先以黍祭享死去的祖先。重阳糕的前身就是九月的尝新食品，这也就是后世民间在重阳节以重阳糕荐神祭祖的秋祭习俗的渊源。

重阳糕

糕在汉语中谐音"高"，是向上、高升的象征。在宋代吕原明的《岁时杂记》中记载，在九月九日天亮时，"以片糕搭儿女头额，更祝曰：愿儿百事俱高。"糕不仅谐音"高"，而且重阳糕上的诸种饰物也都有着各自的寓意。如糕上置小鹿，称为食禄糕，象征仕途通达；糕上的枣、栗之类饰品，都是中国传统的祈子象征物，它们明白地表示着人们在秋收时节祈求子嗣的愿望。

而现在重阳糕也不多见了，按古法，有些地方重阳糕有九重，得细工活才能做出来，现在有这份闲情逸致的人也是不多了。现代生活越来越忙碌，平原地区的人要提前一两天到百里之外的高山去登高也变得十分困难，因此，重阳节也被社会慢慢遗忘了，这也是十分自然的事。如传统以文人登高饮酒赋诗为主题的重阳节在1989年就被政府改成了现代的老人节。

清明节与中秋节的饮食习俗

一、清明节饮食习俗

中国传统的岁时节日，主要目的是沟通人与自然的关系，强调的是人要适应自然。人与自然的关系强调传统农业社会的特征，农民日出而作，日落而息，靠天吃饭，始终保持对自然的敬畏。说清明节的饮食，不得不谈清明节与寒食节的关系。从白居易的《寒食野望吟》中我们可以看到清明与寒食在唐代是并称的。诗中说：

乌啼鹊噪昏乔木，清明寒食谁家哭。
风吹旷野纸钱飞，古墓垒垒春草绿。
棠梨花映白杨树，尽是死生别离处。
冥冥重泉哭不闻，萧萧暮雨人归去。

写的就是黄昏的时候民间上坟祭祖的场面，让人读了以后不免有些伤感的气息。

寒食节，又称禁烟节、禁火节。这个节日的主要节俗就是禁火，不许烧火煮食，只能吃先前准备好的熟食、冷食，故而得名。寒食节相传是为了纪念春秋时代晋国公子重耳的大臣介子推。晋国公子重耳流亡外国多年，介子推护驾跟随，立下大功。重耳返国即位，即晋文公。介子推却背着老母，躲入绵山。晋文公派人前往寻找，却怎么也找不到，于是放火烧山，想把介子推逼出来。不料介子推却和母亲抱着一株大树，宁愿烧死，也不出山。晋文公伤心地下令把绵山改称介山（即今山西介休市境内的介山），又下令把介子推被烧死的那一天定为寒食节。以后年年岁岁，每逢寒食节都禁止生火，要吃冷饭，以示追怀之意。其实，寒食节的真正起源，和端午节一样，都与具体的历史人物无关，端午节与屈原无关，寒食节也与介子推无关。

寒食节源于古代的钻木、求新火之制。古人因季节不同，用不同的树木钻火，有改季改火之俗。而每次改火之后，就要换取新火，新火未至，禁止人们生火。这是当时的一件生活大事。《周礼·秋官》中记载司烜氏：“中春以木铎修火禁于国中。”可见当时司煊氏是敲着木铎，在街上走，下令禁火。这司烜氏，也就是专管取火的小官。在禁火之时，人们就准备一些冷食，以供食用，这样慢慢就成了固定的风俗。以后，才与介子推的传说相联系，成为寒食节，日期长达一个月。但这毕竟不利于健康，以后便缩短日期，从七天又逐渐改为一天，唐朝之后便融合在清明节中了。

像寒食这样的岁时节日最早是禁火的民俗，也就是对火的敬畏与崇拜。火在古人生活中十分重要。《后汉书·周举传》中记载汉代山西太原一带的民众在过寒食节日时整整一个月不敢点火做饭，都是生吃食物，于是许多儿童与老人就因此而病死。后来曹操下了《明罚令》，令文说："闻太原、上党、西河、雁门冬至后百五日，皆绝火寒食，云为介子推。子胥沉江，吴人未有绝水之事，至于子推独为寒食，岂不偏乎？且北方沍寒之地，老少羸弱，将有不堪之患。令到，人不得寒食。犯者家长半岁刑，主吏百日刑，令长夺一月俸。"曹操禁止山西等地的人寒食，主要是因为当时人口稀少。正因为如此，寒食节逐渐被清明节的上坟祭祖民俗代替，为历史所淘汰。由于清明节气与寒食的民俗节日很接近，后来随着时间的迁移，逐渐把寒食的民俗移到清明自然节气之中。于是清明节便由一个单纯的农业节气上升为重要的民俗节日，寒食节的影响也就消失了。但寒食的食俗却以若干变形的方式传承下来了，并保存于清明节中。

清明节中有些食俗是从寒食节中保留下来的。如清明日，不动烟火，家家吃荞麦凉粉等冷食。在浙江一带，有清明节吃清明果、黄花麦果的民俗。周作人在《故乡的野菜》一文中说：

黄花麦果通称鼠曲草，系菊科植物，叶小微圆互生，表面有白毛，花黄色，簇生梢头。春天采嫩叶，捣烂去汁，和粉作糕，称花黄麦果糕。小孩们有歌赞美之云：

黄花麦果韧结结，
关得大门自要吃。
半块拿弗出，
一块自要吃。

清明前后扫墓时，有些人家——大约是保存古风的人家——用黄花麦果作供，但不作饼状，做成小颗如指顶大，或细条如小指，以五六个作一攒，名曰蚕果，不知是什么意思，或因蚕上山时设祭，也用这种食品，故有是称，亦未可知。自从十二三岁时外出不参与外祖家扫墓以后，不复见过蚕果，近来住在北京，也不再见过黄花麦果的影子了。日本称作“御形”，与荠菜同为春的七草之一，也采来作点心用，状如艾饺，名曰“草饼”，春分前后多食之，在北京也有，但是吃去总是日本风味，不复是儿时的黄花麦果糕了。

周作人对家乡的饮食有一种怀旧的情结，对于清明节的节日食物更是情有独钟。周作人写家乡儿童关着门自己吃黄花麦果，充满了童趣。

而在北方，在寒食节期间，蒸大馍是比较典型的做法。大馍的四周做成鸟蛇之形。民间传说，介子推当年在绵山被烧死时，有鸟、蛇前去保护过他，故在大馍上做上鸟、蛇的造型作为纪念。馍的顶上，做一大盘的形状。大盘中的造型，又有几种，那是有讲究的。这种馍，全家每人一个，再加若干个祭馍，那是用做祭祀的。给男子的馍，馍顶上盘中，做的是文具、耕具之类男子所用器物的造型：吃下文具，文思大进，读书聪明；吃下耕具，就能成为干庄稼活的好把式。给女子的馍，馍顶盘中，做的是剪刀之类的造型。剪刀是做女红的工具，此俗有祝女子做女红心灵手巧的意思。非常明显，清明日禁火、吃大馍的风俗，是从寒食节来的。

二、中秋节饮食习俗

说起中秋节，人们往往就想起吃月饼，但是中秋节最早是不吃月饼的。中秋节民俗最早是信仰型的祭月，而不是后来审美型的赏月，只是一个拜月求子的节日。

旧时，北方中秋之夜拜月习俗十分流行。月亮升起时，人们在庭院中对月设香案，然后摆上供品。供品有月饼、西瓜及其他一些水果，还要特别供上一捆青豆，是喂兔儿爷的。兔儿爷是身穿甲胄、兔面人身的泥塑，大小不等，有的骑虎，有的站立，有的拿刀，姿态万千。因为月属阴，所以拜月的多是妇女，向有“男不拜月，女不祭灶”的说法。老太太一边磕头一边祷告：“八月十五月正圆，西瓜月饼敬老天，敬得老天心欢喜，一年四季保平安。”太阳刚刚落山，同胞兄弟无论远近都必须到父母家中团聚，一起等待月亮升起，焚香拜月，分吃月饼。但是中秋节最早是不吃月饼的，而是吃带有求子意义的水果和冬瓜之类的食物。

这一天妇女的最大愿望就是在月下焚香祈祷，或者去田地里偷一个南瓜或冬瓜放在床上，第二天夫妻吃掉这个南瓜或冬瓜。这些都是为了生个儿子，因为月亮在民间信仰中是生殖神的象征：月圆表示月亮怀孕了；月缺表示月亮生完小孩，肚子小了；而月亮神话里的兔子、蟾蜍、嫦娥都是生殖力旺盛的象征。兔子一年可以生好几次，蟾蜍每次产卵可达数百个，而月中嫦娥的原型就是中国原始生殖女神女娲。神话中说女娲抟土造人，所以鲁迅在写《故事新编》的第一篇《补天》时就专门从性与生殖的角度把这位中华民族第一生殖女神大大地赞美了一番，就像西方人对丰乳肥臀型的生殖女神维纳斯的赞美一样。维纳斯在追求苗条骨感的当代人看来，其三围是严重超标的，但这却是原始时代女神伟大之所在，越是骨感苗条的女人就越是反生殖，也更愿意独身。而嫦娥偷吃不死药奔月，从而成为生生不息的不死的生殖神的象征。当然，在后来中国人的想象中，嫦娥又变成了爱情的象征。在计划生育成为国家基本国策的中国，这样的传统中秋节求子的习俗也是不合时宜的，中秋节要完全复古也是不可能的，因为时代变了，时异则事移。

嫦娥奔月

关于中秋节吃月饼这一习俗的形成，史籍中没有确切的记载，但民间许多传说却道出了由来。在众多的传说中流传最广的要数“月饼传信息”一说。相传元朝末年，统治者的残暴统治引起了广大人民的普遍憎恨，到处都在酝酿起义和反抗。统治者为了维护自己的统治，防止人民造反，规定民间不准私藏铁器，只准十家人合用一把菜刀。农民起义领袖张士诚在中秋节时，将中秋起义的时间写在纸条上，夹在月饼里送给各家各户。人们掰开月饼见到纸条，就纷纷拿起菜刀，聚集起义，掀起了反抗元朝统治者压迫的高潮。为了纪念这次起义，人们每年八月十五便吃月饼，且相沿成习。对中秋赏月、吃月饼的描述，直至明代的《西湖游览志余》才有记载："八月十五日谓之中秋，民间以月饼相赠，取团圆之义。"北宋苏东坡的《水调歌头》记载了当时人的赏月习俗，不过没有提到月饼。苏东坡写这首词是在"丙辰中秋，欢饮达旦。大醉，作此篇，兼怀子由"的情境下写成的。其词云：

明月几时有？把酒问青天。

不知天上宫阙，今夕是何年。

我欲乘风归去，又恐琼楼玉宇，高处不胜寒！

起舞弄清影，何似在人间。

转朱阁，低绮户，照无眠。

不应有恨，何事长向别时圆？

人有悲欢离合，月有阴晴圆缺，此事古难全。

但愿人长久，千里共婵娟。

说的就是中秋佳节中国人渴望团圆的心理期盼。现在中国不同地区的月饼以其独特的地方风味赢得了人们的青睐，如广式月饼皮薄、松软、香甜、馅美，但总体上糖分比较高；苏式月饼松脆、香酥、甜咸适口；潮式月饼以糖冬瓜为馅，滋润、松脆。现在中国人过中秋节，少不了要吃月饼，但是只要心中有月亮，有时候这个月饼不吃也罢。

[illegible]

[illegible]

[illegible]

[illegible]

第三章

不同民族的节日与日常饮食习俗

汉族的饮食习俗

不同的节日就会有不同的饮食，而且会有不同的仪式。如民间一直盛行祭祖的民俗，汉族人是在清明节祭祖，而苗族人是在12年一轮的鼓藏节祭祖。在祭祖节日上，就要供奉食物给祖先吃。上古时，人们普遍祭祀鬼神，但鬼神是虚无缥缈的，怎样祭鬼神来表示对鬼神的尊敬呢？古人就想出一个办法，按一定条件，选一个人出来，男女均可，让这个人在祭祀仪式中代表鬼神或死去的祖先。人们祭拜这个人，就相当于祭拜鬼神，并且献食物和酒给他吃喝，一直到他吃饱喝醉为止。而这个被选出来的人，就叫做“尸”。祭祀仪式结束，这个人就和平常人一样，不再具有“尸”的神圣身份。

杜佑《通典》卷四十八《礼八·沿革八·吉礼七》中云：“尸，神像也。祭所以有尸者，鬼神无形，因尸以节醉饱……自周以前，天地、宗庙、社稷一切祭享，凡皆立尸。”朱熹《朱子语类》卷九十《礼七·祭》中也说："古人祭祀无不用尸，非惟祭祀家先用尸，祭外神亦用尸。"这里的"家先"就是指死去的祖先。段玉裁《说文解字注》中释"尸"为"祭祀之尸，本像神而陈之，而祭者因主之"。所以最初是用人作为神的象征，并不是用自然界的物体如石头、树木等作为神灵的象征。顾炎武《日知录》卷十四"像设"条也说，在上古，"于祭也，有尸以像神，而无所谓像也"。这里的"像"是指物像、物体。《日知录》卷十四"像设"条云："春秋以后不闻有尸之事……尸礼废而像事兴，盖在战国之时矣。"以人代神变成了以物代神，即像事兴起，如用一块木牌即神主牌来象征灵位，象征死去的祖先。

春秋以后这种以人代神的尸祭民俗在中原的官方祭礼中消失了。消失的原因主要是因为尸祭民俗极繁琐。如《仪礼·士虞礼第十四》以及《特牲馈食礼第十五》中关于的尸祭的记载都是极其复杂的。在战乱频繁的春秋战国，礼崩乐坏，连孔子都要经常率弟子在大树下演习周礼才能进一步熟悉周礼。所以朱熹也在《朱子语类》卷九十中感叹说："古礼，于今实是难行。"

杜佑在《通典》卷四十八中说："古之人质朴，中华与夷狄同，有祭立尸焉……今四夷诸国，地偏气犷，则多仍旧……秦汉以降，中华则无矣。"这里的"中华"即指中原一带。尸祭民俗在中原官方祭礼中消失了，但在周边的少数民族中还存在。朱熹在《朱子语类》卷十九中说得更详细："今蛮夷窖洞中有尸之遗意，每遇祭祀鬼神时，必请乡之魁梧姿美者为尸，而一乡之人相率以拜祭。为之尸者，语话醉饱。每遇岁时，为尸者必连日醉饱。此皆古之遗意。”这种古老的尸祭民俗在现在的黔东南苗族侗族自治州还有保存。笔者曾四次去黔东南的台江、榕江、剑河三个县调查苗族的鼓藏祭祖民俗。如在台江的苗族，第一鼓藏头是死去的祖先的象征，他吃饭就由第二鼓藏头服侍。在榕江，每隔 12 年过鼓藏祭祖节时，鼓藏头吃饭，不能让人看见，因为当地苗族认为这是象征死去的祖先在吃饭。苗族祭祖中的鼓藏头实际上就是上古的“尸”的类似的形式。和“尸”一样，做鼓藏头也是要符合一定的条件的。榕江苗族人过鼓藏节，就一定要杀水牛，将牛肉献给祖先，这是一种典型的节日食物，也就是说，在节日期间，要把最好的最珍贵的食物献给祖先享用。

汉族的节日饮食也有很多，在不同节日其饮食也是不一样的。如在农历正月初一的春节要喝椒柏酒、屠苏酒，吃五辛盘、胶牙饧；元宵节要喝豆粥，到了宋代才喝汤圆；寒食节最早是持续一个月，后来曹操下令革除，改为三天，要吃大麦粥；端午节吃北方的角黍，饮菖蒲酒、雄黄酒，后来南方人受北方角黍的影响，开始吃粽子；中秋节是唐代以后才有的，唐代的中秋节没有月饼，只吃冬瓜、南瓜之类的东西；重阳节则要饮菊花酒；农历十二月初八则要喝腊八粥。所以我们可以看出，饮食往往随着岁时节日而变化。本文以“腊八粥”为例做一简单分析，也可以看出其节日的饮食文化象征意义。

“腊八粥”并不是说要有八样食物，它的得名是因为在农历腊月初八这一天要喝这种粥，所以叫“腊八粥”。“腊八粥”是非常典型的节日食品，而且它最初是由宗教界人士发明、并在官方得到承认后才流向民间的。宋朝吴自牧撰《梦粱录》卷六载："八日，寺院谓之'腊八'。大刹寺等俱设五味粥，名曰'腊八粥'。"此时，腊八煮粥已成民间食俗，不过，后来帝王也以此来笼络众臣。大臣如果能吃到帝王赐的腊八粥，这是一种恩宠的荣耀。元人孙国敉作《燕都游览志》云："十二月八日，赐百官粥，以米果杂成之。品多者为胜，此盖循宋时故事。"到了清代，雍正三年（公元1725年），世宗将北京安定门内国子监以东的府邸改为雍和宫，每逢腊八日，在宫内万福阁等处用锅煮腊八粥，并请来喇嘛僧人诵经，然后将粥分给各王公大臣，品尝食用，以度节日。《光绪顺天府志》又云："每岁腊月八日，雍和宫熬粥，定制，派大臣监视，盖供上膳焉。"腊八粥又叫"七宝粥"、"五味粥"，最早是用红小豆煮，后经长时间的发展演变，越来越富有地方特色。南宋文人周密撰《武林旧事》说："用胡桃、松子、乳覃、柿、栗之类作粥，谓之腊八粥。"清人富察敦崇在《燕京岁时记》里则称"腊八粥者，用黄米、白米、江米、小米、菱角米、栗子、去皮枣泥等，和水煮熟，外用染红桃仁、杏仁、瓜子、花生、榛穰、松子及白糖、红糖、琐琐葡萄以作点染"，颇有京城特色。

其他地方的"腊八粥"也颇有地方文化特色。如陕北高原在腊八之日，熬粥除了用多种米、豆之外，还得加入各种干果、豆腐和肉混合煮成。通常是早晨就煮，或甜或咸，依人口味自选酌定。如果是午间吃，还要在粥内煮上些面条，全家人团聚共餐。民间相传，腊八这天忌吃菜，说吃了菜，庄稼地里杂草会多起来。陕南人在腊八之日也要喝粥，分"五味"和"八味"两种。前者用大米、糯米、花生、白果、豆子煮成，后者用上述五种原料外加大肉丁、豆腐、萝卜，另外还要加调味品。

腊八这天人们除了吃腊八粥，还得用粥供奉祖先和粮仓。

江苏地区吃腊八粥分甜、咸两种，煮法一样，只是咸粥要加青菜和油。苏州人煮腊八粥要放入茨菰、荸荠、胡桃仁、松子仁、芡实、红枣、栗子、木耳、青菜、金针菇等。清代苏州文人李福曾有诗云："腊月八日粥，传自梵王国，七宝美调和，五味香掺入。"

如果说前面所说的都是岁时节日的饮食，那么人生节日的饮食也是相当重要的。下面就以汉族婚丧礼中的人生节日饮食为例作一介绍。

婚礼与丧礼是一个人的人生节日，在人生节日民俗中其饮食特色也是十分明显的。

汉族的传统婚礼习俗中有一个很有文化特征的饮食习俗就是"合卺（jǐn，音同仅）"，通俗说就是喝交杯酒，在古代象征的是渴望人口繁衍、人丁兴旺的美好祝愿。拜堂过后就是新郎新娘入洞房，新郎新娘在床边坐下后就要"合卺"。古代把喝交杯酒叫做"合卺"，也叫做饮同心酒、交杯、合瓢等。这一习俗自周代开始就已经出现。《礼记》上说新娘到了男家以后，新郎要引导她进门，同吃一顿饭，共饮一杯酒，表示夫妻二人从此成为一家人，同尊共卑，相亲相爱。"卺"的意思是半个瓠，一个瓠剖半分为两个瓢，新婚夫妇进洞房后，新郎新娘各拿一个瓢，用酒漱口后各饮一小口，称为"合卺"，寓意为婚后夫妻二人合体相亲。合卺始于周代，后代合卺用匏，而匏是苦不可食之物，用来盛酒必是苦酒。所以，夫妻共饮合卺酒，不但象征夫妻合二为一，自此已结永好，而且也含有新郎新娘同甘共苦、共赴人生的深意。

自北宋以后，“合卺”演变为饮交杯酒。《东京梦华录·娶妇》记载：新人“用两盏以彩结连之，互饮一盏，谓之交杯。饮讫，掷盏并花冠子于床下，盏一仰一合，俗云大吉，则众喜贺，然后掩帐讫。”意思是说把两个酒杯用彩带连结起来，夫妻二人互饮对方手中的酒，这叫做喝交杯酒。喝完以后要把杯子丢到床下，杯子一仰一合，表示男俯女仰、阴阳和谐的习俗，带有明显的性象征的意义，实际上是希望早生贵子，也是性生活行为的一种形式上的遗留，是一种有意味的形式。古代有葫芦生人的神话，葫芦就带有生殖的意义。宋代以后，合卺之礼演变为新婚夫妻共饮交杯酒。这个仪式的人生象征意义是意味深长的。现在在青年男女的婚礼上，交杯酒也是必不可少的，新郎新娘两臂相勾，双目对视，在一片祥和的欢乐的笑声中一饮而尽。

喝交杯酒是汉族婚礼中一个比较典型的饮食民俗，而在南方还有一种特别的酒与婚礼有关，就是人们常说的绍兴“女儿红”酒。南方的“女儿酒”，最早记载于晋人嵇含所著的《南方草木状》，说南方人生下女儿才数岁，便开始酿酒，酿成酒后，埋藏于池塘底部，待女儿 18 岁出嫁之时才取出供宾客饮用。这种酒在浙江绍兴得到继承，发展成为著名的“花雕酒”。其酒质与一般的绍兴酒并无显著差别，主要是装酒的坛子独特。这种酒坛还在土坯时，就雕上各种花卉图案、人物鸟兽、山水亭榭，等到女儿出嫁时，取出酒坛，请画匠用油彩画出“八仙过海”、“四季如意”、“龙凤呈祥”、“嫦娥奔月”等图案。这种女儿酒在后来又叫做“女儿红”，也是古代浙江婚礼中女儿出嫁时带的嫁妆。绍兴女儿红酒具有“陈、醇、真”之特色。所谓

"陈"，即陈酿时间较长，有八年陈，有十年陈，最长的有五十年陈等，年份越长，酒质越好，这和法国的葡萄酒有些类似。所谓"醇"，是说酿时选料讲究，精工细作，发酵完美，口味醇正。所谓"真"，女儿红酒只有绍兴女儿红酿酒总公司独家生产，其"女儿红"品牌经国家商标局核准注册，享有专用权。女儿红酒以优质精白糯米、生麦曲和鉴湖水为原料，采用独特工艺酿造后，再经多年陈化而成。该产品色泽橙黄透明有琥珀光，味醇厚甘鲜，具有半干型优质绍兴酒特有的馥郁芳香。

如果说汉族婚礼中的"喝交杯酒"是一种吉祥的饮食民俗，那么汉族丧礼中的饮食则有潜在的道家文化特征。汉族的丧俗叫做"吃斋饭"，也有的地方称为吃"豆腐饭"，就是葬礼期间举办的酒席。吃豆腐羹饭，亦称吃羹饭或吃豆腐饭，是一种流行于江、浙、沪民间的丧葬习俗。葬礼结束后，丧家要举办酒席，酬谢前来参加葬礼以及以现金、实物等形式助丧赙奠的人。过去这种酒席一般为素席，并以豆制品为主，其后逐渐变异，佳肴美味之丰，差不多可以比拟喜庆之宴，只有一碗豆腐羹必不可少，所以称为豆腐羹饭，江浙一带简称吃"羹饭"。

《荆楚岁时记》记载，冬至日"做赤豆粥以禳疫"，可见南方地区自古有服豆或豆羹以禳灾疫、祓除不祥的习俗。古人以为死者亡故的原因或以疾病、或以凶殃，不免有疠疫之气缠绕尸身，故请送葬者食用豆制食品，可除去疫气或不祥。吃豆腐羹饭习俗有可能是一种驱散"阴气"的方法。豆腐以既圆且硬的黄豆为原料，制成后呈雪白之色，是金气的象征，这与旧时道家对豆腐性质的解释相通。如《天皇至道太清玉册》言："淮南王得飞腾变化之道，炼五金成宝，化八石为水，得草木制化之理，乃做豆腐。”可见豆腐有克杀阴气的奇效，适合送葬者食用。这就好像汉代帝王在丧葬仪式上大都要覆上玉片穿上玉衣避邪一样，在民间没有这么大的排场，但是用普通的豆腐来避邪则也是一种民间的智慧与想象。

汉族的婚丧饮食特别集中体现在红白喜事上。在汉族人看来，结婚是红喜事，而老人去世则是白喜事，这当然体现了民间对生命的一种豁达观。如陕西安康山区山民们待人热情、好客，遇红白喜事则往往大操大办，设许多桌酒席，即使消耗许多财力，也在所不惜。这个时候，是不能简单用迷信、浪费来定论的。红白喜事的观念在一定程度上体现民间的生命观与死亡观。这一点在当代电影《大腕》中有很好的体现，当外国导演泰勒听说中国人把丧事也当做喜事来办时，他就觉得十分惊讶。汉族的红白喜事恰恰是体现独特的民族文化观念的地方，需要我们作进一步的研究分析。

西南少数民族的饮食习俗

中国西南地区少数民族众多，形成了极为丰富的西南少数民族饮食风格，也在一定程度上丰富了中国多姿多彩的饮食文化。在西南地区，不同的民族就有不同的饮食习俗。

如彝族有杀年猪的食俗，一半留给自己吃，另一半送给岳父岳母。年猪多用来腌制，挂起来，阴干后成为腊肉或火腿。居住在山区、半山区的彝族喜欢养羊，尤以小凉山的彝族养羊最多。羊肉是其主要的食源，吃羊时有一些特殊的习俗：羊肝、羊胃先用来祭祀祖灵，然后烧食，也有的生食；羊脑给老人吃；

处于生育期的妇女忌吃公羊；牧羊人不能食羊尾巴。彝族吃鸡也有一些讲究，一般拿来清炖，用陶锅煮，不用刀切，煮熟后用手将鸡撕成条块，蘸辣椒、花椒汁食。鸡头由老人吃，并要看卦（鸡脑的形状）。彝族喜欢喝酒，酒分甜、辣两种，过去都是在自己家中酿造。甜酒用糯米、辣酒用高粱或玉米酿制，民间有“无酒不成礼”的传统。

彝族的岁时食俗的独特之处在农历六月二十四日的火把节。火把节时家家户户宰羊杀鸡，煮新荞麦饭。用羊肉拌和，向四周泼撒，表示祭祀，祈求庄稼生长好，无灾无病。晚上，点燃火把，载歌载舞。

西双版纳的傣族很早就栽培稻谷，进行犁耕，所以西双版纳有“滇南谷仓”之称。傣族人民在优越的自然环境中，以特有的原料形成了风味独特的傣味，其烹调技法受佛教寺院菜和汉族菜肴的影响较深，制作方法亦趋于成熟。主食以大米为主，喜食酸、辣、麻及烘烤食品，嗜酒，喜嚼槟榔。云南的傣族虽有居于内地和边疆之别，亦有水傣、旱傣之分，但在饮食习俗方面却大同小异，都喜食糯米饭，这与他们世代沿袭的生产方式和饮食习惯有关。因为他们经常到远离村寨的野外从事劳动，回来吃饭不便，故此常在野外就餐。

另外，他们吃饭不善于用筷子，而惯于用手抓糯米饭吃。野外就餐应运而生的菜肴，如酸肉、烧鸡、青苔松、干鳝鱼、竹筒饭等，可以在家做好或在野外生火不用锅便可制作，佐餐十分方便。又由于常吃糯食，不易消化，吃酸性食物能助消化，难怪其他民族称他们为“酸傣族”。傣族人认为，糯米只有现吃现舂才不失其原有的色泽和香味。他们在远古年代就学会了水碓舂米。由于与居住的环境有关，傣族人食蚂蚁、蜂蛹、酸笋、火雀等食物。

侗族以糯米为主食，辅以玉米、薯类。糯米用饭钵蒸制成糯米饭，用手捏成饭团进食。用糯米酿成的甜酒，醇香甜蜜，是侗族人民最喜爱的饮料。用糯米制成的糍粑，是过年过节的食品和走亲访友的主要礼品。侗族人民有“打油茶”的习惯。同时喜欢酸食，有酸鱼、酸肉、酸鸭等荤酸和酸菜、酸笋、酸瓜、酸豆角等素酸，四时不断，故有“侗不离酸”之说。

云南省德宏地区的景颇族口味偏好酸辣，不用碗筷，常用芭蕉叶裹食。腌菜很有特色，水豆豉、干豆豉、酸竹笋、腌茄子等，开胃爽口。他们制作肉食的方法一是风干后抹辣椒和盐巴烤；二是先烤熟、剁细，再拌以辣椒、葱蒜及野生香料；三是拌匀作料后用笆蕉叶或枇杷叶包好，置入火塘灰中焐熟；四是把肉切成丝，同一些能食用的树叶或野菜拌在一起，放在竹筒内加水煮熟。每年谷子成熟的时候，景颇族家家户户都要过“新米节”。“新米节”的前一天，主人就要背着插满鲜花的篮子到田里收一捆成熟的糯谷回来，然后通知各家各户第二天来做客。次日早饭后，全寨的男女老少来到主人家，客人要帮主人准备“新米节”的饭食，妇女们炒谷子，舂扁米，做粑粑，上山找野菜，小伙子们下河抓鱼。这天是不能宰猪杀鸡的。饭食准备好后，主人先祭谷子，祈祷来年丰收；然后要喂狗和牛，表彰它们的功劳；最后才请客人吃。

西南地区的基诺族最具有风味特色的菜肴就是酸蚂蚁蛋汤。每年 3 至 4 月份是吃酸蚂蚁蛋的好时节。采来蚂蚁包，去掉成熟蚂蚁，把蛋洗净，取适量的蚂蚁蛋捣碎，用竹筒（或锅）盛适量水煮沸后，放适量臭菜用来去腥，再放蚂蚁蛋和盐、辣椒，几分钟后即熟。其特点是鲜嫩、味美、营养丰富。还有包烧山蜘蛛。山蜘蛛体呈长圆形，灰黑色，背上有花斑点，附在树枝上结网，以小昆虫为食，含有丰富的蛋白质。做法是去掉其丝和脚，放到竹筒里与盐、姜、辣椒、野八角、蒜等佐料舂成肉浆，再用芭蕉叶包裹，放在炭火上烘烤，待芭蕉叶焦黄即可食。其味香辣可口，营养丰富，是很好的野味。

纳西族请客一般都用“八大碗”、“三碟水”待客。常吃杂锅菜，早餐喜吃丽江粑粑、酥油茶，喜欢饮酒，爱吃酸辣和腌腊制品。丽江的“米灌肠”，宁蒗、永宁等地的“猪膘肉”即“琵琶肉”都很出名。琵琶肉是款待客人的珍贵食品，以形似琵琶而得名，当地人称“猪膘肉”。杀年猪时不兴用尖刀刺脖颈，而是在胸部开一个小口，伸手进去弄断心脏动脉血管来杀死肥猪。烫刮完毛后，先割去前腿后腿，再从猪的嘴角处一刀开通到肚脐，把肚杂和骨头全部取出，然后放进食盐、花椒等香料，细细密密缝好所有口子，置于平板上，过上数日，就有味道鲜美、可口开胃的琵琶肉可吃了。猪肚里取出的杂碎，其中的大肠子又做成了奇特的“米灌肠”。纳西族的“米灌肠”讲究把热的猪血和刚蒸熟的糯米饭混着盐、茴香子、草果、八角等佐料一起搅拌后，迅速灌入肠中，扎好肠口，上笼蒸熟，冷却后存放。吃时切片、切段，或炸或蒸都极上口。

佤族在节庆或待客的最佳粥品就是小鸡煮稀饭。佤族地处云南边境山区，聚族而居，民风古朴，尊老爱幼，待客如宾。粥上桌后，鸡头必须昂立粥中，由主人将鸡头献给最尊贵的客人或年长的老人。客人应笑脸相接，不能拒绝，要亲口品尝。

喝粥时，还要喝传统水酒，饭菜合一，尤宜老幼体弱者食用，有养肝、滋阴降火之效。

而西南少数民族在婚丧中的饮食也十分独特，如苗族人家听到丧信后，同寨的人一般都要赠送丧家一些酒及大米、香烛等物。亲戚送的酒物则更多些，如女婿要送十千克左右白酒、一头猪。丧家则要设酒宴招待吊者。云南怒江地区的怒族，村中若有人病亡，各户带酒前来吊丧，巫师灌酒于死者嘴内，众人各饮一杯酒，称此为“离别酒”。死者入葬后，古代的习俗还有在墓穴内放入酒，为的是死者在阴间也能享受到人间饮酒的乐趣。

在广西西部的壮族中十分盛行新娘茶。新娘茶是新媳妇于婚礼后的第二天必不可少的第一件事——给亲人敬茶。这天新娘早早起床，一边生火烧洗脸水，一边煮茶。新娘茶的水须是某一口井的一天中最早挑的那担水，水和锅都不能有半点油星，这样才吉利。新娘茶第一杯敬丈夫，茶水中还要放一块四四方方的米花糖，意指男子汉大丈夫可以四海为家。丈夫接过茶时，新娘还往往要唱道：“送上一杯大红茶，望夫富贵又荣华；敬上一块四方糖，望我夫妻恩爱长。”丈夫喝茶要喝到底，才有男人气概。接着是丈夫回敬妻子，新娘子则抿一点，不能喝干，否则人家会说这个女人没家教，口大无财不中用。接下来新娘子给所有的宾客敬茶，由丈夫引着，按先长后幼、先亲后疏、先男后女、先近后远的顺序敬。受茶者也不是白喝，得给新娘一个封包，钱不论多少。唯独舅父的封包钱要多放一些。这些封包一律归新娘所有当私房钱。

总体上，西南少数民族的饮食和山区的环境有很大的关系，所以山上产的大多成为食物，而且和汉族形成了一些区别。也就是说，西南少数民族的饮食各有千秋，但总体上还没有形成一个完整的独立菜系风格，所以四大菜系之类的说法主要是以汉族为主。

“羊大为美”的游牧民族饮食习俗

“美”字由上下两部分组成，上面是“羊”而下面是“大”。东汉许慎《说文解字》中作如下解释：“美，甘也。从羊从大。在六畜主给膳也。美与善同意。”这也就是我们平常所说的羊大为美。在游牧民族的审美意识中，羊只有是大的才是美的，所以，在游牧民族人民看来，美是与善合在一起，不能分开的。首先只有是善的，它才会是美的。《说文解字》中说的“善”是指有助于社会，对社会有贡献。下面简要介绍四个游牧民族的饮食风格。

一、蒙古族饮食

蒙古族人民世居草原，以畜牧为生计。马奶酒、手扒肉、烤羊肉是他们日常生活最喜欢的饮料食品和待客佳肴。每年七八月份牛肥马壮，是酿制马奶酒的季节。传统做法是将马奶收贮于皮囊中，加以搅拌，数日后便乳脂分离，发酵成酒。随着科学的发达、经济的繁荣，蒙古人酿制马奶酒的工艺日益精湛完善，不仅有简单的发酵法，还出现了酿制烈性奶酒的蒸馏法。

马奶酒性温，有驱寒、舒筋、活血、健胃等功效，被称为紫玉浆、元玉浆，是“蒙古八珍”之一，曾是元朝宫廷和蒙古贵族府第的主要饮料。忽必烈还常把它盛在珍贵的金碗里，犒赏有功之臣。马奶酒为草原上的一大特色，以其独特的醇香、丰富的营养和神奇的疗效而著称于世。马奶酒酒精度不高，牧民们用它来款待客人，蒙医则常用它与其他药物配合治疗疾病。把发酵的奶放入锅中慢火熬煮、蒸馏后即酿成透明醇香的奶酒。马奶酒有驱寒、活血、舒筋、补肾、消食、健胃等效用。

“手扒肉”是蒙古人传统的食肉方法之一。做法是将肥嫩的绵羊开膛破肚，剥皮去内脏洗净，去头蹄，再将整羊卸成若干大块，放入白水中清煮，待水滚肉熟即取出，置于大盘中上桌，大家各执蒙古刀大块大块地割着吃。因不用筷子、用手抓食而得名。

斟酒敬客，吃手扒肉，是草原牧人表达对客人的敬重和爱戴。当你踏上草原，走进蒙古包后，热情好客的蒙古人便会将美酒斟在银碗或金杯中，托在长长的哈达上，唱起动人的敬酒歌，款待远方的贵客，以表达自己的诚挚之情。这时，客人理应随即接住酒，然后能饮则饮，不能饮品尝少许，便可将酒归还主人。如果客人推推让让，拉拉扯扯，不喝酒，就会被认为是瞧不起主人，不愿以诚相见。主人的满腔热情，常常使客人产生难别之情、眷恋之感。

蒙古族的饮食习惯为先白后红。白指白食，即乳及乳制品；红指红食，即肉及肉制品。这种称呼极富色彩感和生动性。蒙古人以白为尊，视乳为高贵吉祥之物。如果夸你心地像乳汁一样洁白，你就得到了最高的奖赏。牧民有谁不慎撒了奶子，就会马上用手指蘸了抹在额上，说一声“啊唏，折福了”。若是掉一点儿肉，或许就随手丢给了猫、狗。不论大小宴席，都用白食开路。主人端来一只盛奶的银碗，按照辈分年龄，让客人一一品尝，这是一种神圣的礼节。

客人即使七八十岁，大过主人几倍，也要跪接银碗，不是给主人跪，这是给乳汁跪。婚礼上的人多，行这一礼节如果漏掉一位，对主人是最大的失误，对客人是最大的不敬。每逢祭奠翁衮山神、敖包、苏鲁德的时候，都要用新挤的鲜奶向上天和圣主祭酒。在喜庆和祈祷之后，往往泼洒着桶里的鲜奶，进行招福致祥的仪式。放羊背子的时候，一只绵羊割成六七件，盛在一只大盘里，略似平日卧状。羊头在上面，羊头上面又抹了黄油，表示红食仍要以白食为先导。茶是蒙古人的面子，又是蒙古人的主食。凡走草地的人，不论蒙汉生熟，主人必先双手给你捧上茶水，这就是给你脸面："有好茶喝，有好脸看"。今天，牧区的蒙古人不论早上、中午都喝茶，这就是"宁可一日无饭，不可一日无茶"。牧民喝茶，讲究配套，要配有炒米、酥油、酪蛋、白糖，冬天往往还有肉。

"奶茶泡炒米"，是游牧民族的一大发明。不仅有生活依据，而且有科学依据。吃上一顿手扒肉，再美美喝一顿茶，不仅荤素搭配，稠稀结合，口中不腻，胃里舒服，而且很容易消化。牧区的蒙古族，常把炒米装在一张整剥的牛犊皮里（有时也装些干肉），酥油放在用酸水泡制出来的瘤胃中，带在马身上，不怕磕碰打碎，行走无声响。即使到了荒无人烟的地方，只要有水，捡几块干牛粪就能举火熬茶。直到今天，打草、走敖特尔、长途拉盐或打猎的时候，蒙古族仍然坚持这种轻便简朴的生活方式。

二、维吾尔族饮食

维吾尔族喜欢吃面粉制作的各种烤馕、拉面、炒面及抓饭等。烤馕和抓饭是最常见的饭食，喜欢吃牛、羊肉。另外还有烤羊肉串、烤包子、薄皮包子等民族风味食品。维吾尔族群众都喜欢喝奶茶、吃水果，新疆产的哈密瓜、西瓜、杏、无花果、桃、香梨、苹果及葡萄等水果，品质优良，产量巨大，维吾尔族也因此成为全国人均吃水果最多的民族。有些水果还制成果脯，如葡萄干、杏干、杏包仁、哈密瓜干、桃皮等。维吾尔族严禁吃猪肉、驴肉、狗肉和骡肉。羊肉串是维吾尔族的民族风味食品，如今已经走出新疆，深入内地城镇，成为风靡全国的民族风味小吃。

在过去，维吾尔族百姓一日三餐，早餐一般吃馕喝茶或吃“乌马什”（玉米面粥），午餐多为面类主食，晚饭是汤面或馕茶。吃饭时一家人围席而坐，餐毕，在收拾餐具前，由长者作“都瓦”（祷告），然后离席。

维吾尔族信奉伊斯兰教，其饮食文化属于伊斯兰教饮食文化圈。反映在维吾尔人今天的日常饮食中的饮食文化，不仅包括该民族作为突厥民族的一支从上古游牧时代留传下来的传统饮食文化和维吾尔族改信伊斯兰教后形成的饮食文化，而且还包括该民族同周围其他民族和地区的交流中产生的多姿多彩的饮食文化。这种多姿多彩的饮食文化与居住在新疆地区的维吾尔族是十分相称的。因为这一地区曾作为东西方文明的交汇点，在历史上发挥了重要的作用。可以说，这一地区也是东西方饮食文化的交汇点。维吾尔族的饮食文化中最有代表性的食品是烤羊肉串，维吾尔语称之为“嘎巴布”。从西亚各地到乌鲁木齐的街头都能见到这种食品。羊肉串看上去像是来自西方，但实际上是突厥民族固有的食品。与羊肉串不同，谷类、粉食类食品中的用小麦粉和杂谷粉烤制的饼状的馕，可以看做是从西方传入维吾尔族的饮食中近东类型的饮食文化。维吾尔族传统饮食十分丰富，下面介绍五种：

1. 馕

馕是维吾尔族群众日常生活中不可缺少的最主要的食品，也是维吾尔族饮食文化中别具特色的一种食品。维吾尔族食用馕的历史很悠久。馕是用馕坑（吐努尔）烤制而成，呈圆形。

新疆烤馕

馕多以发酵的面粉为主要原料，辅以芝麻、洋葱、鸡蛋、清油、牛奶、盐、糖等佐料。馕的种类很多，皆因和面方式、添加剂成分、馕的形状、烤制的方法等不相同而名称不同。最大的馕为“艾曼克”（片馕），直径足有40厘米~50厘米，可谓“馕中之王”。最小的馕为“托喀其”（油馕），做工较为精细，里面放油、牛奶、鸡蛋等，香脆，犹可久储，而且不会干硬，见茶水就酥，是维吾尔族旅途便餐。这种馕也作为节日食品。最厚的馕为“格尔德”（窝窝馕），厚约5厘米~6厘米，中间有一个窝。此外，也用死面做馕，将清油或羊油揉入面里，擀薄后烤制。还有一种馕是把冰糖水涂在表面的甜馕。另外还有一种将肉馅和在或包在发酵的面粉中烤制的馕，俗称“肉馕”，是馕中佳品。馕，由于保质期较长，便于携带，加之香酥可口，富有营养，也为其他民族所喜爱。

2. 手抓饭

手抓饭是维吾尔族群众最喜爱的传统食品之一，维吾尔语称“婆罗”，是用大米、羊肉、胡萝卜、洋葱、食油等原料制成的饭。因在过去吃这种饭时多用手直接抓着吃，故俗称“抓饭”。抓饭的种类很多，除用羊肉做抓饭外，还有用牛肉、鸡肉、葡萄干、杏干、鸡蛋、南瓜等作辅料做成的抓饭，都有不同的特色。

手抓饭味道鲜美、营养丰富，不仅是维吾尔族群众家里常吃的美味佳肴，也是婚丧嫁娶、逢年过节用来招待亲朋好友的理想食品。

3. 烤全羊

烤全羊是维吾尔族的一大传统名肴。在乌鲁木齐、喀什、和田等地的巴扎尔都可闻到它特有的香味。烤全羊不仅是街头的风味小吃，而且也是维吾尔人招待贵客的上等佳肴。现在也成为高级筵席中的一道佳品，备受中外客人的青睐。

烤全羊多选用绵羯羊或周岁以内的肥羊羔为主要原料，这样的羊，不仅肉嫩而且营养价值高，嚼在嘴里满口香。这是维吾尔人在长期食用羊肉的日常生活中总结出来的宝贵经验。宰杀、剥皮、去头蹄和内脏后，用钉有大铁钉的木棍，将羊从头至尾穿上。再用蛋黄、盐水、姜黄、孜然粉、胡椒粉、面粉等调成糊状的汁子抹在羊的全身，然后把羊头部朝下放入炽热的馕坑，盖严坑口，并不时地转动木棍观察，焖烤一小时左右即成。烤全羊色泽黄亮，皮脆肉嫩，鲜香异常。现在新疆的各大宾馆饭店在烤熟的羊头上系一条红色彩绸，羊嘴内放一些香菜、芹菜，使烤全羊成为了一件赏心悦目的艺术品。

4. 烤羊肉串

维吾尔族将烤肉称为“喀瓦普”。维吾尔族烤肉的种类很多，主要有“嘎巴布”（烤肉串)、“吐努尔喀瓦甫”（馕炕烤肉)、“塔瓦喀瓦甫”（馕托肉)。其中烤羊肉串是维吾尔族最富有特色的传统风味小吃之一，既是街头的风味快餐，也是维吾尔族待客的美味佳肴。

烤羊肉串是将肉切成薄片，一一穿在铁钎子上，然后均匀地排放在烤肉炉上，撒上精盐、孜然和辣椒面，上下翻烤数分钟即可食用。味道微辣中带着鲜香，不腻不膻，肉嫩可口。过去，做烤肉串用的钎子都是用红柳的细条截削而成的木钎。现在，这种原始的木钎已很难见到。这种烤羊肉串不仅深受新疆各族群众喜爱，而且也已经成为风靡全国的一种风味小吃。

5. 馓子

馓子是维吾尔等民族的节日食品。是将用花椒水、熟油、蛋清等和好的面搓成细条，放油锅里炸，使其形状呈大半圆状，炸至金黄色时捞出摆放在盘内，围摆成多层圆柱形，形状美观、色泽黄亮、酥脆爽口。

三、回族饮食

回族，主要分布在宁夏、甘肃、新疆、青海等省区。回民禁食一切自死动物肉、动物血，禁食一切形象丑恶的飞禽走兽，无论牛、羊、骆驼及鸡、鸭，都要经阿訇或做礼拜的人念安拉之名后屠宰，否则不能食用。各地回民的饮食也有所不同。如宁夏的回族以米、面为日常主食，而甘肃、青海的回族则以小麦、玉米、青稞、马铃薯为日常主食。常食的面食有馒头、烧饼、花卷、面条、烧卖、包子、烙饼及各种油炸面食。油香、馓子是各地回族喜爱的特殊食品，也是节日馈赠亲友的礼品。肉食以牛、羊肉为主，有的也食骆驼肉，食用各种有鳞鱼。回族讲究饮料，凡是不流动的水、不洁净的水不饮用，并喜欢饮茶和以茶待客。回族很注意卫生，凡有条件的地方，饭前饭后都要用流动的水洗手，多数回民不抽烟，不饮酒。民间节日主要有开斋节、古尔邦节、圣纪节。回族的筵席讲究各种菜肴的排列，婚宴一般用 8～12 道菜。宁夏南部则盛行“五罗四海”、“九魁十三花”、“十五月儿圆”等清真筵席套菜。回族是富于创造性的民族，清洁、精致和丰富多彩是其食品和饮食文化的特色。信仰伊斯兰教的其他少数民族的饮食禁忌与节日食俗与回族大致相同。

回族分布较广，食俗也不完全一致。如：宁夏回族偏爱面食，喜食面条、面片，还喜食调和饭。甘肃、青海的回族则以小麦、玉米、青稞、马铃薯为日常主食。民间特色食品有酿皮、拉面、打卤面、肉炒面、豆腐脑、牛头杂碎、臊子面等。多数人家常年备有发酵面，供随时使用。城市的回族一年四季早餐习惯饮用奶茶。肉食以牛、羊肉为主，有的也食用骆驼肉，食用各种有鳞鱼类，如北方产的青鱼、鲢鱼、鳇鱼等。

回族长于煎、炒、烩、炸、爆、烤等各种烹调技法，风味迥异的清真菜肴中，既有用发菜、枸杞、牛羊蹄筋、鸡鸭海鲜等为主要原料，做工精细考究，色香味俱佳的名贵品种，也有独具特色的家常菜和小吃。西北地区的回族民间还喜食腌菜。

回族的典型食品主要有：清真万盛马糕点、羊筋菜、金凤扒鸡、翁子汤圆和绿豆皮等。青海省西宁市，回族著名的万盛马糕点影响很大。河北石家庄的金凤扒鸡、保定的马家卤鸡和白运章包子，辽宁沈阳市的马家烧卖、义县的伊斯兰烧饼，陕西的牛羊肉泡馍，湖南常德市的翁子汤圆、绿豆皮、牛肉米粉在当地都很有名气。盛行于宁夏南部的清真筵席菜“五罗四海”、“九魁十三花”、“十五月儿圆”等套菜驰名全国。“五罗”是指五种炒菜同时上齐，“四海”是指四种带汤汁的菜肴一次上桌。“九魁”、“十三花”、“十五月儿圆”分别是九碗、十三碗、十五碗菜的美称。

牛菜为回民美食，与“清真”二字相连，为陕、甘、宁、青、新西北五省区回族群众的世袭专利。西南地区的回族同胞创制的滇味牛菜，充分发挥了清真牛菜用料广泛、鲜美时新、品种多变的特长，成为云贵高原美食林中的一朵奇葩，不但深受广大回族群众的喜爱，也为各族人民所青睐。云南文山县的牛干巴是回族的当家菜。文山回族善于腌制味香可口的牛干巴。每年入冬，便将自家饲养的菜牛（俗称“站牛”）宰杀，大部分用来腌制干巴。未养牛的回族便到市场上选购本民族宰卖的膘多的新鲜牛肉来腌制。制作方法是将没有洗过的新鲜牛肉加盐（肉和盐的比例为每15千克肉六至七两盐）和香料，在簸箕上用力反复搓揉，然后置于瓦缸中加盖密封，放于阴凉处，腌一周后打开上下翻动，以保证盐水浸泡均匀。腌半个月后取出在太阳下晒干。好的干巴可留至来年冬季味道不变，是招待客人的上等佳肴。

四、藏族饮食

藏族有着悠久的历史和灿烂的文化。生息于巍巍雪山、莽莽草原的世界屋脊之上的藏族，生性豪放、乐天、热情；长期的佛教思想的影响，使他们养成了仁爱、礼貌、节俭的美德。因此，藏族人普遍爱饮酒，但绝不酗酒；平时一般不饮酒，但饮起来却总要酣畅尽兴方休。酒对藏族是喜庆的饮料，绝无消愁解闷的用途。因为佛教戒酒，酒在笃信佛教的藏族人民中是不能作为祭祀之物的。藏族古代饮的酒种类较多。据敦煌出土的古藏文写卷《苯教丧葬仪轨》记载，吐蕃早期所饮的酒有米酒、小麦酒、葡萄酒、蜂蜜酒和青稞酒等。藏历新年，藏族家家都要喝青稞酒以示庆祝。初一天刚亮，家庭主妇就把八宝青稞酒端到家中每个人的被窝前，让他们喝了才起床，以示新年一开始就丰衣足食，步步吉祥。藏族初一这天一般不拜客，一家人闭门欢聚，品青稞酒，喝酥油茶，聊家常。初二起才挨家去拜访，互道“扎西德勒”，互敬青稞酒。藏族最豪放的饮酒则是在跳锅庄的时候。村寨的青年男女围成一圈，圈中设小桌，放上几坛青稞酒。男女两队轮流领唱，翩翩起舞，并不时去圈中喝上一碗酒。跳到高兴处，饮酒者更是纷至沓来。

在喝酒的同时，藏族人喜欢喝茶。藏区绝少产茶，而茶却是藏族男女老幼的最佳饮料，是人们日常生活中不可缺少的。藏族有句谚语“一日无茶则滞，三日无茶则痛”，又说“饭可一天不吃，茶却不能一顿不喝”。由此数百年来形成的茶文化内涵也非常丰富多彩，极富民族特色，在世界茶文化园地中是一枝奇葩。藏族一般用粗枝大叶的大茶和砖茶，安多藏区多饮大茶，产自湖南益阳的砖茶也受欢迎。砖茶为长方体，重量不等，有的达两千克左右，其最大特点是宜长途运输，便于携带。验其优劣时，看其表面的粗细和薄厚坚硬程度，细而硬则为优质；其次看中间闪烁金色蕾花之多少。煮茶时，先在壶中加入冷水，投入适量茶叶加盖烧开，然后小火慢熬。茶水呈深褐色、入口涩而不苦为最佳。“茶无盐，水一般”，所以绝大部分藏区喝茶时要加入适量盐。此为清茶，是最普通的一种。另有几种别致的煮法，第一种，煮茶时还加入草果、姜片、花椒等一起熬煮，此茶治伤风头痛，味道鲜美可口。第二种是奶茶，将鲜奶加入已煮好的茶汁中加热即可，其茶味鲜中带甜，可补充人体所需之营养。第三种是在茶汁中加入红糖，该茶对产妇有很好的治疗保养作用。第四种就是最具代表性的酥油茶了。酥油是从牛、羊奶中提炼出来的。西藏提炼酥油的方法很简单，将奶汁稍微加温，然后倒入大木桶内，来回上百次的抽打，直搅得油水分离。之后，把浮在上面的一层淡黄色的脂肪质舀起来装进皮口袋，冷却之后便成了酥油。酥油有很高的营养价值，有许多种吃法，但主要的是用于制作酥油茶。本来油水很难结合，但藏民族创造性地用反复搅制方法令其二者水乳交融，从而使高原地区有了最佳饮品。它那诱人的香味，入口滑润的感觉，不但藏族喜爱，也使许多喝过的人赞不绝口。

在甘肃甘南，一般每人每天要饮三次茶。早晨喝早茶，在碗底放一撮炒面、少量曲拉（奶渣）和一小片酥油，再倒入茶水。等茶喝够时把碗底的炒面与茶水搅成糊吃掉，此吃法叫“斗麻”。早茶对大多数人是很重要的。第二次是在中午，午餐后饮几碗茶，消食解腻、生津提神。再就是晚饭后，全家人围坐在一起，边喝边谈，直到尽兴。闲时家人一起喝，来客时，给客人斟的茶中要放一小块酥油，以示尊重和欢迎。老人们聚在一起，可从早到晚地喝茶、闲谈、诵“六字真言”。每逢春种秋收，农民们用三块石头垒起灶，架锅煮茶喝，驱乏解困；牧民在草原上熬茶，茶香伴着花香，另有一番情调。僧人更缺不了茶。寺院中通常每日集体饮茶三次，即早中晚的诵经礼佛活动后，由寺院统一烧。如遇祈祷法会、跳神期间，供茶次数不定。平时在学习、诵经、辩经、静修时也不断饮茶，以解舌燥、驱倦意、清醒头脑、平和心情。

不论是远方来客，还是常来常往的友人，一踏进主人家的门，首先奉献到客人面前的就是香喷喷的酥油茶。主人先从彩色的藏柜中取出最干净的瓷碗摆到客人面前的茶几上，然后手捧一把装满酥油茶的茶壶或暖瓶，放低部位轻轻摇晃几次，倾倒在客人面前的茶碗中，双手捧给客人。客人饮茶时，主人恭立一侧，或在几个客人中轮转。客人喝一次，主人添一次，随喝随添，细心周到，做到碗常满、茶常温，才算尽到主人的责任。

客人喝茶前，要用右手无名指在茶碗中沾少许茶，手指举起，在空中弹酒三次，表示奉献给神、龙和地祇。饮茶不能太急太快，要轻轻吹开茶上的浮油，分饮数次，留一半左右，等主人添上再喝。喝茶不能喝出声响，要轻轻饮啜。喝得很急，会被主人视为没有教养，被戏称为“毛驴饮水”。饮茶不能一饮而尽，更不能喝一碗就走，一般以三碗为最吉利。

糌粑是藏族的一种重要食品，制作很简单，将青稞晒干炒熟，磨成细面，这便成了待食的糌粑了。食用糌粑时，将糌粑放入碗中，再放少许的酥油茶，用大拇指扣住碗沿，其余四指不停地转动，待酥油与糌粑拌匀便捏成小团而食。

风干肉是西藏非常有特色的一种食品。到年底气温在零度以下时，将牛羊肉割成小条，挂在阴凉处，让其自然风干，到来年二三月份食用时，不仅肉质松脆，口味独特，而且食后回味无穷。

青稞酒是用青稞酿成的度数很低的酒，藏族群众男女老少都喜欢喝，是喜庆过节必备之饮料。青稞酒的制作工艺很独特：先将青稞洗净煮熟，待温度稍降，便加上酒曲，用陶罐或木桶装好封闭，让其发酵。两三天之后，加入清水盖上盖子，隔一二天后便成青稞酒了。青稞酒色泽橙黄，味道酸甜，酒精成分很低，类似啤酒。喝青稞酒讲究“三口一杯”，即先喝一口，倒满，再喝一口，再斟满，喝上第三口，斟满干一杯。一般酒宴上，男女主人都会唱着酒歌敬酒。盛大宴会上，有专门的敬酒女郎，她们穿着华丽的服饰，唱着迷人的酒歌，轮番劝饮，直到客人醉倒为止。

农区、牧区的饮食各有自己的特色。牧区的饮食除了糌粑、面粉外，可以简单地划分为“红食”、“白食”。“红”指肉，

"白"指奶。夏天以"白食"为主，冬天以"红食"为主。

藏式的进餐非常考究。主客各自坐在自己的厚垫上，前摆藏桌分开进食。藏式菜肴有风干肉、奶渣糕、人参果糕、炸牛肉、辣牛肚、灌肠、灌肺、炖羊肉、炖羊头等。主食有酥油糌粑、奶渣包子、藏式包子、藏式饺子、面条、油炸面果等。

第四章

从四大菜系到八大菜系

四大菜系的地方文化特征

中国的饮食文化源远流长，四大菜系更是名满天下。在饮食文化的长河中，川菜、鲁菜、粤菜、淮扬菜犹如一颗颗闪亮的珍珠，璀璨夺目、争奇斗艳，在为人们呈现出一道道的美味佳肴的同时，也给人们留下了难以忘怀的印象。川菜热情奔放，鲁菜稳重大方，粤菜轻盈善变，淮扬菜浓淡皆宜。

菜系因地理、气候、习俗、特产的不同形成了不同的地方风味。菜系的划分单就汉族的饮食特点而言，目前有四大菜系、八大菜系、十大菜系之说，而且划分系类仍有继续增加的趋势。不过，从总体上来说，我国菜系大致划分为四川、广东、江苏、山东四大菜系。从菜系的命名看，虽以省命名，但是影响所及则远远超出省的界线，凡在饮食习俗方面都受其影响，口味、烹调都一般相同，这就是菜系的范围。当然在一个菜系之内，还有不少流派或分支，这只不过是大同中的小异。就鲁、川、粤、苏四大菜系而论，鲁菜的范围除山东外，还有华北平原、京津地区、东北三省以及晋陕都是山东菜的口味和食俗的地域，成为北方菜的主干。川菜则是以“天府之国”为中心扩展至长江中上游、两湖、云贵一带的广大地区。粤菜主要是珠江流域，闽桂也都受其影响。苏菜又叫淮扬菜，为淮河、长江下游的广大地区，沪、杭、宁等城市亦属这一范围。当然这只是概略地划分，接壤地区有些是交叉的。

菜系的渊源可以追溯到很远的时期，因为菜肴的特色是以物产这一自然条件为基础的。晋代张华的《博物志》中说得很明白：“东南之人食水产，西北之人食陆畜。”“食水产者，龟蛤螺蚌以为珍味不觉其腥臊也；食陆畜者，狸兔鼠雀以为珍味，不觉其膻也。”“有山者采，有水者渔。”也就是说“靠山吃山，靠海吃海”。这是形成菜系的主要条件，所谓“今天下四海九州，特山川所隔有声音之殊，土地所生有饮食之异”。

以物产为依据，形成了口味的差异是菜系发展的重要因素。《全国风俗志》称：“食物之习性，各地有殊，南喜肥鲜，北嗜生嚼（葱、蒜），各得其适，亦不可强同也。”这种饮食嗜好，成为人们难移的习性。钱泳《履园丛话》中记载：“饮食一道如方言，各处不同，只要对口味。口味不对，又如人之性情不和者，不同一日居也。”只有到了近百年来，交通发达，经济发展，才将地域之间的距离缩短，物产不再是一隅之产，已不成为菜系的唯一依据。但这种千百年沿袭而成的食俗还是不易改变的。

除上述因素外，烹调方法的差别，也是形成菜系不可忽视的重要条件之一。清代饮食鉴赏家、评论家袁枚《随园食单》

中，曾写了南北两种截然不同的做猪肚的烹调方法：“滚油爆炒，以极脆为佳，此北人法也；南人白水加酒煨两炷香，以极烂为度。”可见在袁枚之前，早以形成以烹饪术为别的菜系的不同特色。钱泳在《履园丛话》中说的更具体：“同一菜也，而口味各不同。如北方人嗜浓厚，南方人嗜清淡；北方人以肴馔丰、食点多为美，南方人以肴馔法、果品鲜为美。各有妙处，颇能自得精华。”

到了清末，四大菜系的不同特色更加鲜明。《清稗类钞》记述清末之饮食状况，称：“各处食性之不同，由于习尚也。则北人嗜葱蒜，滇黔湘蜀嗜辛辣品，粤人嗜淡食，苏人嗜糖。”又更加具体地分析了各地的菜系特色：“苏州人之饮食——尤喜多脂肪，烹调方法皆五味调和，惟多用糖，又悉加五香。”“闽粤人之饮食——食品多海味，餐食必佐以汤，粤人又好啖生物，不求上进火候之深也。”“湘鄂人之饮食——喜辛辣品，虽食前方丈，珍错满前，无椒芥不下箸也，汤则多有之。”“北人食葱蒜，亦以北产为胜。”如此等等，不一而足。尽管引证之处，不足说明菜系的全貌，但从中可以看出全国四大菜系之特色。

以下列出的是四大菜系各自的特点及其具有代表性的菜肴。

一、粤　菜

粤菜是四大菜系之一，历史悠久，影响广泛，是中国饮食文化的重要组成部分。由于广州地处珠江三角洲，水陆交通四通八达，所以很早便是岭南政治、经济、文化中心，饮食文化比较发达。古书云：“东方之域，天地之所生也。”中国西汉时就有粤菜的记载，南宋时深受御厨随往羊城的影响，到明清发展迅速。20世纪随着对外通商，吸取西餐的某些特长，粤菜也推向世界，仅美国纽约就有粤菜馆数千家。粤菜包括广州菜、潮州菜和东江菜，以广州菜为代表。粤菜博采众长，选料广博，奇而且杂，河、海鲜是食中珍品，鸟、鼠、蛇、虫皆为佳肴，尤以烹制蛇、狸、猫、狗、猴等野生动物而负盛名。举凡各地菜系所用的家养禽畜、水泽鱼虾，粤菜无所不用之。而各地不用的蛇、鼠、猫、狗等山珍海味，粤菜则奉为上肴。早在南宋时，周去非的《岭外代答》一书中就记载当时广州一带的人“不问鸟兽蛇虫，无不食之。其间野味，有好有丑。山有鳖名蛰，竹有鼠名猷。鸧鹳之足，猎而煮之；鲟鱼之唇，活而脔之，谓之鱼魂，此其珍也。至于遇蛇必捕，不问长短；遇鼠必捉，不问大小。蝙蝠之可恶，蛤蚧之可畏，蝗虫之微生，悉取而燎食之；蜂房之毒，麻虫之秽，悉炒而食之；蝗虫之卵，天虾之翼，悉炒而食之。”粤菜杂食之风，常令外人瞠目结舌。唐代韩愈被贬至潮州时，见到当地群众嗜食鳖、蛇、章鱼、青蛙等几十种异物，大为惊讶。粤菜选菜还讲究鲜爽滑嫩，夏秋清淡，冬春浓郁。除讲究原料新鲜、现宰现烹外，还讲究在火候上保持原料新鲜。粤菜调料独特，常见的有蚝油、鱼露、珠油、糖醋等。调味有所谓五滋（香、松、臭、肥、浓）、六味（酸、甜、苦、咸、辣、鲜）之别。烹调方法独特，有煲、泡、煎、炸、烩、炖、煸等。代表菜有三蛇龙虎会、龙虎凤蛇羹、油包鲜虾仁、鲜莲八宝盅、蚝油鲜菇、蚝油牛肉、瓦掌山瑞、脆皮乳猪等。

二、鲁　菜

鲁菜也称山东菜，中国四大菜系之一。鲁菜由济南菜和胶东菜两种不同风味组成。济南菜讲究清香、鲜嫩、味纯，并以善于制汤而闻名。胶东菜则以烹制海鲜见长。宋以后鲁菜就成为北食的代表。明、清两代，鲁菜已成宫廷御膳主体。长期以来鲁菜成为北京菜和东北菜的组成部分，清代宫廷菜的发展与鲁菜的关系密切，直到如今北京菜以及仿膳菜中仍保持着鲁菜的某些特色。鲁菜取材广泛，选料精细，讲究丰满实惠，烹调方法全面，精于制汤，善以葱调味。鲁菜在其长期发展过程中，积累了一整套烹调技法，其中尤以“爆”称最。鲁菜的爆法可分为油爆、汤爆、葱爆、酱爆、火爆等多种。爆制菜需旺火速成，故为保护食品营养素最佳的烹调技法之一，特别是油爆菜，必须是旺火快炒，连续操作，一鼓作气，瞬间完成。鲁菜在烹制海鲜上有独到之处，尤其对海珍和小海味的烹制，堪称一绝。其特点是清香、鲜嫩、味纯，十分讲究清汤和奶汤的调制，清汤色清而鲜，奶汤色白而醇。代表菜有葱烧海参、烩乌鱼蛋、蟹黄鱼翅、德州扒鸡、奶汤核桃肉等。

三、川　菜

“天府之国”四川以其得天独厚的物产形成了我国的主要菜系之一——川菜。川菜也叫四川菜，中国四大菜系之一。川菜历来享有“一菜一格，百菜百味”之美誉。川菜历史悠久，源远流长。起源于古代的巴国和蜀国。从秦朝到三国时期，成都逐渐成为四川政治、经济、文化的中心，使川菜得到不断发展，成为我国的一个主要地方菜系。当今川菜全国闻名，蜚声海外，美国、日本、法国、加拿大以及东南亚各国和我国台湾、港澳地区，都开设有许多川菜馆，受到中外顾客的好评。川菜在秦末汉初就初具规模，唐宋时发展迅速，明清已富有名气，现今川菜馆遍布世界。正宗川菜以四川成都、重庆两地的菜肴为代表，以其麻辣味闻名于海外，一句“麻辣烫”，既道出了川菜风格，也道出了当地人性格。有“食在中国，味在四川”之美誉。川菜重视选料，讲究规格，主菜与配菜配料细致，主次分明，鲜艳协调，烹制考究，调味多样。其特点是酸、甜、麻、辣、香、油重、味浓，注重调味，离不开三椒（即辣椒、胡椒、花椒）和鲜姜，以辣、酸、麻脍炙人口，为其他地方菜所少有，形成川菜的独特风味。川菜善于综合用味，收汁较浓，在咸、甜、麻、辣、酸五味基础上，加上各种调料，相互配合，形成各种复合味，如麻辣味、家常味、咸鲜味、五香味、鱼香味、荔枝味、怪味、酸辣味等 23 种。烹调方法擅长于烤、烧、干煸、蒸。代表菜肴的品种有黄焖鳗、怪味鸡块、麻婆豆腐、鱼香肉丝、宫保鸡丁、干烧岩鲤等。

四、淮扬菜

淮扬菜集江南水乡扬州、镇江、淮安等地菜肴之精华，是江苏菜系的代表性风味。淮扬菜以烹制山野海味而闻名，早在南宋时，“沙地马蹄鳖，雪中牛尾狐”，就是那时的著名菜肴了。淮扬菜选料广泛，鲜活鲜嫩，营养调配；制作精细，因料施艺，注意刀工，体现出较强的科学性；调味清淡，强调本味，重视调汤，风味清鲜；色彩鲜艳，清爽悦目；造型美观，别致新颖，生动逼真；讲究火功，重油重色，味道醇厚，保持原汁原味。其烹调方法擅长于烧、焖、炖。著名菜肴有：叫花子鸡、糖醋鳜鱼、芙蓉鸡片、盐水鸭、清炖蟹粉狮子头、清蒸鲥鱼、符离集烧鸡、火腿炖甲鱼、火腿炖鞭笋、雪冬烧山鸡、奶汁肥王鱼、毛峰熏鲥鱼等。

浙徽湘闽菜系百家争鸣

中国菜肴在烹饪中有许多流派。“八大菜系”是在“四大菜系”的基础上，再加上浙、徽、湘、闽菜系。一个菜系的形成和它的悠久历史与独到的烹饪特色是分不开的，同时也受到这个地区的自然地理、气候条件、资源特产、饮食习惯等影响。有人把“八大菜系”用拟人化的手法描绘为：苏、浙菜好比清秀素丽的江南美女；鲁、皖菜犹如古拙朴实的北方健汉；粤、闽菜宛如风流典雅的公子；川、湘菜就像内涵丰富、才艺满身的名士。中国“八大菜系”的烹调技艺各具风韵，其菜肴之特色也各有千秋。前一节我们已经介绍了粤菜、鲁菜、川菜、淮扬菜（苏菜）的特点与具有代表性的菜肴，那么接下来就谈谈其他菜系。

一、浙菜

浙菜是以杭州、宁波、绍兴、温州等地的菜肴为基础发展而成的。宋代以来饮食著作多为江浙文士所著，其代表菜也多与文化名人、风景名胜有关。浙菜以其浓郁的文化特色享誉海内外。其特点是清、香、脆、嫩、爽、鲜。浙江盛产鱼虾，又是著名的风景旅游胜地，湖山清秀，水光山色，淡雅宜人，故其菜如景，菜式小巧玲珑，清俊逸秀。不少名菜，来自民间，制作精细，变化较多。烹调技法擅长于炒、炸、烩、溜、蒸、烧。久负盛名的菜肴有西湖醋鱼、生爆鳝片、东坡肉、龙井虾仁、干炸响铃、叫化童鸡、清汤鱼圆、干菜焖肉、大汤黄鱼、爆墨鱼卷、锦绣鱼丝等。

二、徽菜

古有“无徽不成镇之说”，今有徽菜天下闻。徽菜以沿江、沿淮、徽州三地区的地方菜为代表构成。其特点是选料朴实，讲究火功，重油重色，味道醇厚，保持原汁原味。徽菜以烹制山珍海味而闻名，早在南宋时，徽菜中的“沙地马蹄鳖，雪中牛尾狐”，就是那时的著名菜肴了。其烹调方法擅长于烧、焖、炖。著名的菜肴品种有符离集烧鸡、火腿炖甲鱼、火腿炖鞭笋、雪冬烧山鸡、奶汁肥王鱼、毛峰熏鲥鱼、熏鸭、黄山炖鸽等。

三、湘菜

湘菜是以湘江流域、洞庭湖区和湘西山区的菜肴为代表发展而成的。湖南省物产丰富，提供了多样的烹调原料，当地人民用富饶的资源，吸取外地的烹饪经验逐步形成了湘菜。其特点是用料广泛，油重色浓，多以辣椒、熏腊为原料，口味注重香鲜、酸辣、软嫩。烹调方法擅长腊、熏、煨、蒸、炖、炸、炒。其著名菜肴品种有腊味合蒸、东安子鸡、麻辣子鸡、红煨鱼翅、汤泡肚、冰糖湘莲、金钱鱼等。

四、闽菜

闽菜起源于福建省闽侯县。它是以福州、泉州、厦门等地的菜肴为代表发展起来的。福建的经济文化是南宋以后逐渐发展起来的，清中叶后期，闽菜逐渐为世人所知。其特点是色调美观，滋味清鲜。烹调方法擅长于炒、溜、煎、煨，尤以“糟”最具特色。由于福建地处东南沿海，盛产多种海鲜，如海鳗、蛏子、鱿鱼、黄鱼、海参等，因此，当地多以海鲜为原料烹制各式菜肴，别具风味。著名菜肴品种有佛跳墙、醉糟鸡、酸辣烂鱿鱼、烧片糟鸡、太极明虾、清蒸加力鱼、荔枝肉等。

随着饮食业的进一步发展，有些地方菜愈显其独有特色而自成派系。清末时期，加入浙、闽、湘、徽地方菜成为“八大菜系”，以后再增京菜、沪菜便有“十大菜系”之说，而且划分系类仍有继续增加的趋势。

改革开放后，在长期与西方国家经济往来和文化交流中，各菜系吸收了一些西菜的烹调方法。经济的发展促进了饮食业的发展，现在我们在同一地区就可以品尝到不同菜系的特色菜。而且各个菜系利用丰富的资源，在全面继承传统技艺的同时，也在不断地吸收其他菜系的优点，不再去刻板地追求所谓的正宗。这就形成了各个菜系百花齐放、百家争鸣的局面。

现代人的饮食习惯与消费观念，正在发生变化。总的来说，是由重量向重质转变，把讲求营养放在重要位置，如果菜色一成不变，要“套牢”消费者可有些吃力。各个菜系为了吸引消费者，在菜色上总在变化与发展，越来越讲究肉类与蔬菜瓜果的搭配，大量采用芋、茨、葛、藕、苗、豆及海草、地瓜、斋料等粗粮杂食和时鲜水果。

对热爱美食的人来说，热爱某个菜系与酒楼的数量多少无关，重要的是，每个菜系所具有的与众不同的特色。所以这种菜系百家争鸣的局面对于热爱美食的人来说，是再好不过的。如果有一天你听说有一种菜系融合川菜、鲁菜、粤菜、淮扬菜等各大菜系的优点，再加上西方各种菜的优点，那么不必轻信，因为中国美食博大精深，不是一个菜系能够完全容纳得了的。各大菜系之间相互吸收长处并不意味着把原本菜系的精华全盘否定，菜系的发展是建立在很好地继承的基础之上的，没有继承，何来发展？所以说各大菜系百家争鸣局面的存在是必然的，而且将一直存在下去。

通过以上四大菜系与八大菜系的分析，其实有一点要特别强调，就是中国的菜系无论是“四大”还是“八大”，其主体都是在南方。四大菜系中只有鲁菜是北方的，其他三个都是南方的，而八大菜系中，有七个在南方，所以，中国菜的风格主要还是以南方菜的风格为主。而且四大菜系在互相学习，都受到对方的影响。如中国菜现在受到川菜、湘菜的影响，总体上有些偏辣的倾向，随着移民运动，爱吃辣的人越来越多，饮食风格也在变化。

第五章

民间饮酒习俗

酒的地域文化特征

在中华民族悠久历史的长河中，很多事物都走在世界的前列，酒也是一样，有着它自身的光辉篇章。酒不但有明显的地域差异，如绍兴酒和五粮液就完全不一样，而且酒文化在中国源远流长。在我国，关于酒的起源，历史上存在许多种说法，主要有以下两种传说。其一是“杜康酿酒”传说，这则传说认为酿酒始于杜康（传为夏朝时代的人）。东汉《说文解字》中解释“酒”字的条目中有：“杜康作秫酒。”《世本》也有同样的说法。曹操的诗中也说：“何以解忧，唯有杜康。”其二是“酒与天地同时”传说，“天有酒星，酒之作也，其与天地并矣”。意思是自古以来，我国祖先就有酒，是天上“酒星”所造的，当然这种说法像是神话。

这些传说尽管各不相同，但大致说明酿酒早在夏朝或者夏朝以前就存在了，这是可信的，这一点已被考古学家所证实。

夏朝距今约四千多年，而目前已经出土距今五千多年的酿酒器具（《新民晚报》1987 年 8 月 23 日《中国最古老的文字在山东莒县发现》，副标题为《同时发现五千年前的酿酒器具》）。这一发现表明：我国酿酒起码在五千年前已经开始，而酿酒之起源当然还在此之前。在远古时代，人们可能先接触到某些天然发酵的酒，然后加以仿制。这个过程可能需要一个相当长的时期。

饮酒作为一种饮食的文化，在远古时代就形成了一些大家必须遵守的礼节。有时这种礼节还非常繁琐。如果在一些重要的场合下不遵守，就有犯上作乱的嫌疑。一旦饮酒过量，便不能自制，容易生乱，制定饮酒礼节就很重要。历史上，儒家的学说被奉为治国安邦的正统观点，饮酒的习俗同样也受儒家文化观点的影响。儒家讲究“酒德”。酒德两字，最早见于《尚书》和《诗经》，其含义是说饮酒者要有德行，不能像商纣王那样，“颠覆厥德，荒湛于酒”。《尚书·酒诰》中集中体现了儒家的酒德，这就是：“饮惟祀”（只有在祭祀时才能饮酒）；“无彝酒”（不要经常饮酒，平常少饮酒，以节约粮食，只有在有病时才饮酒）；“执群饮”（禁止民众聚众饮酒）；“禁沉湎”（禁止饮酒过度）。儒家并不反对饮酒，用酒祭祀敬神，养老奉宾，都是德行。明代的袁宏道，看到酒徒在饮酒时不遵守酒礼，深感长辈有责任，于是从古代的书籍中采集了大量的资料，专门写了一篇《觞政》。这虽然是为饮酒行令者写的，但对于一般的饮酒者也有一定的意义。

我国古代饮酒有以下一些礼节：

主人和宾客一起饮酒时，要相互跪拜。晚辈在长辈面前饮酒，叫侍饮，通常要先行跪拜礼，然后坐入次席。长辈命晚辈饮酒，晚辈才可举杯；长辈酒杯中的酒尚未饮完，晚辈也不能先饮尽。

古代饮酒的礼仪约有四步：拜、祭、啐、卒爵。就是先作出拜的动作，表示敬意；接着把酒倒出一点在地上，祭谢大地生养之德；然后尝一下并赞扬，令主人高兴；最后仰杯而尽。

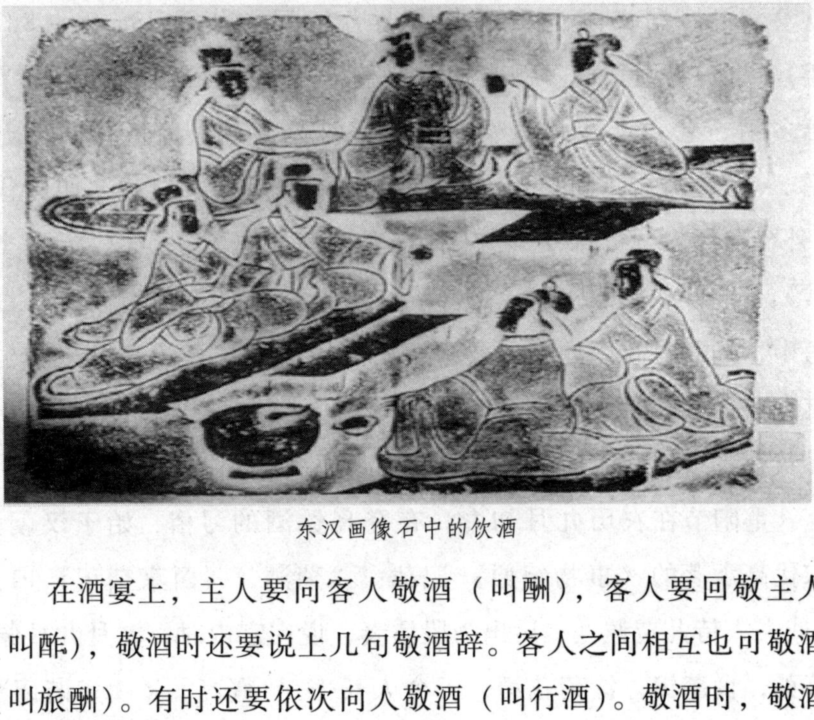

东汉画像石中的饮酒

在酒宴上，主人要向客人敬酒（叫酬），客人要回敬主人（叫酢），敬酒时还要说上几句敬酒辞。客人之间相互也可敬酒（叫旅酬）。有时还要依次向人敬酒（叫行酒）。敬酒时，敬酒的人和被敬酒的人都要“避席”，起立。普通敬酒以三杯为度。中华民族大家庭的五十六个民族中，除了信奉伊斯兰教的回族一般不饮酒外，其他民族都是饮酒的。饮酒的习俗各民族都有独特的风格。

中国人一年中的几个重大节日，都有相应的饮酒活动，如端午节饮“菖蒲酒”、“雄黄酒”，重阳节饮“菊花酒”，除夕夜饮“年酒”。在一些地方，如江西民间，春季插完禾苗后要欢聚饮酒，庆贺丰收时更要饮酒，酒席散尽之时，往往是“家家扶得醉人归”。

端午节又称端阳节，人们为了辟邪、除恶、解毒，有饮菖蒲酒、雄黄酒的习俗。同时还有为了壮阳增寿而饮蟾蜍酒和为了镇静安眠而饮夜合欢花酒的习俗。最为普遍及流传最广的是饮菖蒲酒。据文献记载：唐代光启年间（公元 885 年 – 887 年），即有饮菖蒲酒事例。唐代殷尧藩在诗中写道：“少年佳节倍多情，老去谁知感慨生。不效艾符趋习俗，但祈蒲酒话升平。”后逐渐在民间广泛流传。历代文献都有所记载，如唐代《外台秘要》、《千金方》、宋代《太平圣惠方》，元代《元稗类钞》，明代《本草纲目》、《普济方》及清代《清稗类钞》等古籍中，均载有此酒的配方及服法。清代顾禄在《清嘉录》中也有记载：“研雄黄末、菖蒲根，和酒以饮，谓之雄黄酒。”由于雄黄有毒，现在人们不再用雄黄兑制酒在端午节饮用了。

重阳节在农历九月初九，有登高饮酒的习俗，始于汉朝。宋代高承著的《事物纪原》记载：“菊酒，《西京杂记》曰：‘戚夫人侍儿贾佩兰，后出为段儒妻，说在宫内时，九月九日佩茱萸，食蓬饵，饮菊花酒，云令人长寿。’登高，《续齐谐记》曰：‘汉桓景随费长房游学。谓曰：‘九月九日，汝家当有灾厄，急令家人作绢囊，盛茱萸，悬臂登高山，饮菊花酒，祸乃可消。’景率家人登，夕还，鸡犬皆死。房曰：‘此可以代人’。”自此以后，历代人们逢重九就要登高、赏菊、饮酒，至今不衰。

明代医学家李时珍在《本草纲目》一书中，说常饮菊花酒可“治头风，明耳目，去痿，消百病”，“令人好颜色不老”，

"令头不白","轻身耐老延年" 等。因而古人在食菊花根、茎、叶、花的同时,还用来酿制菊花酒。除饮菊花酒外,有的还饮用茱萸酒、茱菊酒、黄花酒、薏苡酒、桑落酒、桂花酒等酒品。

除夕俗称大年三十夜,时在一年最后一天的晚上。人们有别岁、守岁的习俗。即除夕夜通宵不寝,回顾过去,展望未来。这一习俗始于南北朝时期。梁代徐君倩在《共内人夜坐守岁》一诗中写道:"欢多情未及,赏至莫停杯。酒中喜桃子,粽里觅杨梅。帘开风入帐,烛尽炭成灰。勿疑鬓钗重,为待晓光催。"除夕守岁都是要饮酒的,唐代白居易在《客中守岁》一诗中写道:"守岁樽无酒,思乡泪满巾。"孟浩然写有这样的诗句:"续明催画烛,守岁接长宴。"宋代苏轼在《岁晚三首序》中写道:"岁晚相馈问为'馈岁',酒食相邀呼为'别岁',至除夕夜达旦不眠为'守岁'。"

除夕饮用的酒品有"屠苏酒"、"椒柏酒"。这原是正月初一的饮用酒品,后来改在除夕饮用。宋代苏轼在《除日》一诗中写道:"年年最后饮屠苏,不觉来年七十岁。"明代袁凯在《客中除夕》一诗中写道:"一杯柏叶酒,未敌泪千行。"唐代杜甫在《杜位宅守岁》一诗中写道:"守岁阿戎家,椒盘已颂花。"

以上所说主要是节日中的饮酒习俗,而中国名酒的地方文化特征更为明显。这里只介绍三种中国名酒:一是贵州茅台酒,二是四川五粮液,三是安徽古井贡酒。

一、贵州茅台酒

贵州茅台酒独产于中国贵州仁怀。据清代《旧遵义府志》所载,道光年间,"茅台烧房不下二十家,所费山粮不下二万石。”1843 年，清代诗人郑珍咏赞茅台“酒冠黔人国”。

贵州茅台酒是以优质高粱为料，优质小麦制曲，每年重阳之际投料，巧妙地利用茅台镇特有的气候、优良的水质、适宜的土壤，采用了一系列与一般白酒截然不同的高温制曲、高温堆积、高温酒、轻水分入池等工艺条件，经过二次投料、九次蒸馏、八次发酵、七次取酒、分型入库、长期陈酿、精心勾兑而成。1936 年编修的《续遵义府志》记载：茅台酒“出仁怀县茅台村，黔省称第一……法纯用高粱作沙，煮熟和小麦曲三分，纳粮地窖中，经月而出蒸烤之，即烤而复酿。必经数回然后成，初曰生沙，三四轮曰燧沙，六七轮曰大回沙，以次概曰小回沙，终乃得酒可饮。”

贵州茅台酒素以低而不淡、香而不艳著称，被尊为国酒，是世界三大名酒（另外两种是英国苏格兰威士忌、法国柯涅克白兰地）之一。茅台酒是大曲酱香型白酒的鼻祖，纯天然的绿色食品，具有“酱香突出、幽雅细腻、酒体醇厚、回味悠长、空杯留香持久”的独特风格。侨胞称赞茅台酒为“祖国之光”。凡盛过茅台酒的杯子、瓶子隔了多天仍然芳香馥郁，被誉为“空杯香”、“瓶瓶香”。

二、四川五粮液

五粮液产于长江第一城的四川宜宾。宜宾位于四川省南部，坐落在金沙江和岷江汇合处，古称“叙州”、“戎州”，北宋时改称宜宾。这里水质纯净，适宜酿酒，素有“名酒之乡”的美誉。唐代大诗人杜甫于永泰元年（公元 765 年）到戎州，在他写的《宴戎州相使君东楼》诗中有“重碧拈青酒，轻红擘荔枝”的诗句。据《叙州府志》记载，宋朝王公权用三种原料造“荔枝绿”酒，黄庭坚有《荔枝绿颂》，曰：“王墻东之美酒，得妙用于三物，三危露以为味，荔枝绿以为色。”文中“三物”，即稻米、高粱、玉米。黄庭坚谪居戎州时，在天柱山下劈石成谷，修建“流杯池”。他在《咏绿荔枝与荔枝绿》诗中写道：“王公权家荔枝绿，廖致平家绿荔枝。试倾一杯重碧色，快剥千颗轻红肌……谁能品此胜绝味，唯有老杜东楼诗。”诗中将“荔枝绿”酒赞美为“戎州第一”。明代，对采用多种谷物酿酒的也有记载。《本草纲目》中说：“秦、蜀有咂嘛酒，用稻、麦、黍、秫、药曲，小罂封酿而成，以筒吸饮。”1929 年，这种以谷物酿成的酒被改名为“五粮液”。

五粮液属于浓香型大曲酒。它是汲取五谷之精英，蓄积成精液，调和诸味，精心勾兑而成。此酒开封时香气突起，浓郁扑鼻；饮用时满口溢香，香气久留口中，余味不尽。五粮液酒液清澈透明，虽然高达 52 度，可是沾唇触舌，无强烈刺激感，唯觉酒味醇厚，酒体柔和甘美，落喉净爽，回味舒适悠长。五粮液在大曲酒中以酒味全面著称，各味协调，恰到好处，形成了独特的风味，在同香型酒中出类拔萃。五粮液酿造工艺精细，操作要求严格。酿造时，用的是陈年老曲。酿造用水取自岷江江心，这种水水质纯净，清澈无杂质，是酿酒的优质水源。发酵池是陈年老窖，发酵期长达 70 天以上，发酵中酯化完全。用柔熟陈泥封窖，隔热性能良好，既减少了酒气的挥发，又保证了酒香的浓郁。

三、安徽古井贡酒

古井贡酒因采用古井泉水酿造而得名。“古井”坐落在安徽亳州东北20公里的减店集，已有一千四百多年的历史。据《亳县志》记载，在南北朝时，亳县称“谯县”，属北魏境地。南朝梁中大通四年（公元532年），武帝萧衍派大将元树领兵攻取谯县，镇守谯县的魏将樊子鹄派猛将独孤出城迎战，不胜而死，临死前他将金筒长戟投入古井中。后人为纪念独孤将军，在投戟的井旁盖了一座独孤将军庙，并在庙的四周又掘了23眼井。今仅存四眼井。这一带为盐碱地，井水味苦涩，唯独投戟之古井水质与别的井迥然不同。千余年来，此井不溢不涸，井水清澈透明，味甜爽口，含有丰富的矿物质。用此井水酿酒，酒香浓郁，甘美醇和。因此，这眼古井被人们称为“天下名井”。用“天下名井”酿制的酒，原名“减酒”。“减酒”历来被视为酒中珍品，民间至今仍流传着“胡芹减酒宴嘉宾”的美谈。到了明朝万历年间，此酒作为贡品进献皇帝。从此“减酒”改名“古井贡酒”，一直延至清代都列为“贡品”。

古井贡酒酒液清澈透明，香醇如幽兰，入口甘美醇和，回味经久不息，属浓香型大曲酒。酒度分为38度、55度、60度三种。适量饮用有健胃、活血、提神之功效。

历史上饮酒逸事趣谈

中国古代文化典籍中，记有大量关于酒的历史故事、传说和一些相关的异闻趣事，现择要进行介绍。

一、酒池肉林

商代晚期的帝王，多是淫暴之主，一味追求享受安乐。商代的贵族也多酗酒。据现代人分析推测，由于当时的盛酒器具和饮酒器具多为青铜器，其中含有锡，溶于酒中，使商朝的人饮后中毒，身体状况日益下降。商末帝纣，是一个好色好酒的人，《史记·殷本纪》称：“（纣）以酒为池，县（悬）肉为林，使男女裸相逐其间，为长夜之饮。”后人常用“酒池肉林”形容生活奢侈，纵欲无度。商纣的暴政，加上酗酒，最终导致商代的灭亡。周代在商人的聚集地曾发布严厉的禁酒令。

以酒误事误国的例子在古代不可胜数。楚恭王与晋国的军队战于鄢陵，楚国打了败仗，楚恭王的眼睛也中了一箭。为准备下一次战斗，楚恭王召大司马子反前来商量，子反却喝醉了酒，无法前来。楚恭王对天长叹，说“天败我也”，将因酒误了战事的子反杀了，只得班师回朝。

帝王因酒误事有时也会变成好事，如齐桓公因为醉酒，将帽子丢了，齐桓公为此事感到羞耻，于是三天都不上朝。恰逢粮荒，管仲只好自作主张，打开公家的粮仓，救济灾民。灾民欣喜若狂，当时流传的民谣说：（齐桓公）为什么不再丢一次帽子啊！

二、箪醪劳师

东周春秋时代，越王勾践被吴王夫差战败后，为了实现“十年生聚，十年教训”的复国大略，下令鼓励人民生育，并用酒作为生育的奖品：“生丈夫，二壶酒，一犬；生女子，二壶酒，一豚。”越王勾践率兵伐吴，出师前，越中父老献美酒于勾践，勾践将酒倒在河的上流，与将士一起迎流共饮，士卒士气大振。绍兴现在还有“投醪河”。

类似的历史故事如《酒谱》所载，战国时，秦穆公讨伐晋国，来到河边。秦穆公打算犒劳将士，以鼓舞士气，但酒醪却仅有一钟。有人说，即使只有一粒米，投入河中酿酒（也可使大家分享）。于是秦穆公将这一钟酒倒入河中，三军饮后都醉了。

三、鸿门宴

秦末，刘邦与项羽各自攻打秦王朝的部队。刘邦先破咸阳，但兵力不及项羽。项羽闻之大怒，入咸阳后，到达戏西，而刘邦则在霸上驻军。刘邦的左司马曹无伤派人在项羽面前说刘邦打算在关中称王，项羽听后更加愤怒，下令次日一早让兵士饱餐一顿，然后击败刘邦的军队，一场恶战在即。刘邦从项羽的季父项伯口中得知此事后，大吃一惊，就恭恭敬敬地给项伯捧上一杯酒，祝项伯身体健康长寿，并约为亲家。刘邦的感情拉拢，说服了项伯，项伯答应为之在项羽面前说情，并让刘邦次日前来谢项羽。

鸿门宴上，虽不乏美酒佳肴，但却暗藏杀机。项羽的亚父范增，一直主张杀掉刘邦，在酒宴上，一再示意项羽发令，但项羽却犹豫不决，默然不应。范增召项庄舞剑为酒宴助兴，想趁机杀掉刘邦。在危急关头，刘邦部下樊哙带剑拥盾闯入军门，怒目直视项羽。项羽见此人气度不凡，只好问来者为何人，当得知为刘邦的参乘时，即命赐酒，樊哙立而饮之。项羽命赐猪腿后，又问能再饮酒吗，樊哙说，死且不避，一杯酒还有什么值得推辞的！樊哙还乘机说了一通刘邦的好话，项羽无言以对，刘邦借上厕所的机会一走了之。刘邦部下张良在这时献上白璧一双、玉斗一双。项羽收下了白璧，气得范增却拔剑将玉斗撞碎。后人将鸿门宴喻指暗藏杀机。

四、竹林七贤

“竹林七贤”指的是晋代七位名士：阮籍、嵇康、山涛、刘伶、阮咸、向秀和王戎。七位名士放荡不羁，常于竹林下酣歌纵酒。其中最为著名的酒徒是刘伶。刘伶自谓：“天生刘伶，以酒为名，一饮一斛，五斗解酲。”《酒谱》讲述刘伶经常随身带着一个酒壶，乘着鹿车，一边走，一边饮酒，使人带着挖掘工具紧随车后，什么时候死了，就地埋之。阮咸饮酒更是不顾廉耻，他每次与宗人共饮，总是以大盆盛酒，不用酒杯，也不用勺等酒具，大家围坐在酒盆四周用手捧酒喝。猪群来饮酒，阮咸不但不赶，还凑上去和猪一齐饮酒。

刘伶曾写下《酒德颂》一篇，大意是：自己行无踪，居无室，幕天席地，纵意所如，不管是停下来还是行走，随时都提着酒壶饮酒，唯酒是务，焉知其余。其他人怎么说，自己一点都不在意。别人越要评说，自己反而更加要饮酒，喝醉了就睡，醒过来也是恍恍惚惚的。就是一个惊雷打下来，也听不见，面对泰山视而不见，不知天气冷热，也不知人情世故。

刘伶的这篇文章，充分反映了晋代时期文人的心态，即由于社会动荡不安，长期处于分裂状态，统治者对一些文人的政治迫害，使文人不得不借酒浇愁，或以酒避祸，以酒后狂言发

南朝画像石竹林七贤局部

泄对时政的不满。另据史料记载，司马昭欲为其子求婚于阮籍之女，阮籍借醉酒60天，使司马昭没有机会开口，遂作罢。这些事在当时颇具有代表性，对后世文人追求精神自由的影响非常大。

五、饮中八仙

唐朝著名诗人杜甫作了一首著名的诗《饮中八仙歌》，对唐朝八位嗜酒如命的名人作了生动的描述。诗人写道：

知章骑马似乘船，眼花落井水中眠。
汝阳三斗始朝天，道逢曲车口流涎，
恨不移封向酒泉。左相日兴费万钱，
饮如长鲸吸百川，衔杯乐圣称避贤。
宗之潇洒美少年，举觞白眼望青天，
皎如玉树临风前。苏晋长斋绣佛前，

醉中往往爱逃禅。李白斗酒诗百篇，
长安市上酒家眠，天子呼来不上船，
自称臣是酒中仙。张旭三杯草圣传，
脱帽露顶王公前，挥毫落纸如云烟。
焦遂五斗方卓然，高谈阔论惊四筵。

这首诗中分别说了八个诗人的饮酒。诗的大意是说贺知章酒后骑马，晃晃悠悠，如在乘船。他眼睛昏花坠入井中，竟在井底睡着了。汝阳王李琎饮酒三斗以后才去觐见天子，路上碰到装载酒曲的车，酒味引得口水直流，为自己没能封在水味如酒的酒泉郡而遗憾。左相李适为每日之酒兴，不惜花费万钱，饮酒如长鲸吞吸百川之水，自称举杯豪饮是为了逃避政事，以便让贤。崔宗之是一个潇洒的美少年，举杯饮酒时，常常傲视青天，俊美之姿有如玉树临风。苏晋虽在佛前斋戒吃素，饮起酒来却常把佛门戒律忘得干干净净。李白饮酒一斗，立可赋诗百篇。他去长安酒肆饮酒，常常醉眠于酒家。天子在湖池游宴，召他为诗作序，他因酒醉不肯上船，自称是“酒中之仙”。张旭饮酒三杯，即挥毫作书，时人称为草圣。他常不拘小节，在王公贵戚面前脱帽露顶，挥笔疾书，若得神助，其字如云烟之泻于纸张。焦遂五杯酒下肚，才得精神振奋，在酒席上高谈阔论，常常语惊四座。

在这八人中，“酒仙”李白的饮酒最为有名。唐天宝初年春，一日唐玄宗与杨贵妃在兴庆宫沉香亭赏牡丹，忽听楼上李白饮酒狂歌：“三杯通大道，一杯合自然。但得酒中趣，莫为醒者传。”太监连忙上楼大呼：“奉旨宣李学士见驾！”谁知李白全然不理，口中念道：“我醉欲眠君且去。”太监无奈，只得扶李白进兴庆宫。玄宗见李白烂醉，忙命宫女含水喷其面，并亲自递来醒酒汤，李白睁眼一看，便要玄宗赐酒。玄宗关切地说："刚醒来，再醉怎么办？"李白说："臣斗酒诗百篇，醉后诗如泉。"这当然是诗人的才气，不过，如果现在有人一定要学李白，要喝了酒才能写出诗文来，这才气也就太小了。真正的大文学家，无论喝酒还是不喝酒，都能写出文章来。像鲁迅，爱抽烟但不爱喝酒，照样写文章。

"五花马，千金裘，呼儿将出换美酒。"李白喝酒就是往死里喝，李白自己也是因为喝醉了酒而淹死在江中。因此喝酒过多，不但有可能写不出文章来，弄不好反而会送了命。

除了以上历史故事外，在历代文学作品中，还有大量脍炙人口的与酒有关的描述，如《三国演义》中关羽温酒斩华雄、《水浒传》中的景阳冈武松醉打老虎、鲁智深大闹五台山等。

酒与人际交往

人是社会活动的主体，作为社会成员处于复杂的社会关系中，处理好人际关系是很重要的。而各种宴会作为社会交往的重要方式，是搞好社会关系的一种手段。喝酒是一种交流，也是一种文化。有的人以酒结友，有的人靠酒交际，酒成了人们生活中不可或缺的组成部分。酒凝聚了亲情，酒浓缩了礼义，酒呈现着文明，酒沉淀了人类文化的精华。如饮鸡血酒是彝族交际习俗。把酒倒进碗里，将一只大公鸡当场杀死，将血滴入碗中，双方或多方一齐举碗发誓，一饮而尽。饮了鸡血酒，必须信守誓言，否则将受到神灵的惩罚。

酒在外交事务中也会起到重要的作用。战国时“鲁酒薄而邯郸围”的故事，说的是楚宣王会见诸侯，鲁恭公后到而且送给楚宣王的酒淡薄寡味，楚宣王非常愤怒。恭公说，我是周公之后，勋在王室，给你送酒已经是有失礼节和身份的事了，你还指责酒薄，不要太过分了，于是不辞而别。楚宣王于是发兵与齐国一起进攻鲁国。齐桓公一直想进攻赵国，但却畏惧楚国会帮助赵国，这次楚国有求，便不必再担心楚国来找麻烦了，于是赵国的邯郸因为鲁国的酒薄不明不白地做了牺牲品。这个故事从侧面显示了酒在交际中（包括国家关系）的特殊作用。

1954 年 7 月，周恩来总理代表我国出席日内瓦会议。在这次会议上，中国外交取得很大成功。事后，周总理总结说：“在日内瓦期间，帮助我成功的有‘两台’。一是贵州茅台（酒），二是梁山伯与祝英台（电影）。”饮酒的活动形成了国际交往中的重要环节。

上面两个例子说明的是酒在国家交往中的重要作用，那么我们日常生活和工作中与别人交往时，应该怎样把握好酒在交际中的作用呢？以下几点可以帮助你尽量发挥酒在交际中的作用。

众欢同乐，切忌私语

大多数酒宴宾客都较多，所以应尽量多谈论一些大部分人能够参与的话题，得到多数人的认同。因为个人的兴趣爱好、知识面不同，所以话题尽量不要太偏，避免唯我独尊，天南海北，神侃无边，出现跑题现象，而忽略了众人。

特别是尽量不要与人贴耳小声私语，给别人一种神秘感。

瞄准宾主，把握大局

大多数酒宴都有一个主题，也就是喝酒的目的。赴宴时首先应环视一下各位的神态表情，分清主次，不要单纯地为了喝酒而喝酒，而失去交友的好机会，更不要让某些哗众取宠的酒徒搅乱东道主。

劝酒适度，切莫强求

我们在参加宴会的时候总会听到这句话：“感情深，一口闷；感情浅，舔一舔。”应该说这句俗语在很大程度上生动概括了中国人的“酒交际文化”。因为许多人把感情的深浅与喝酒的多少联系在一起，所以宴会上的酒往往也是最令人头痛的。在酒桌上往往会遇到劝酒的现象，有的人总喜欢把酒场当战场，想方设法劝别人多喝几杯，认为不喝到量就是不实在。以酒论英雄，对酒量大的人还可以，酒量小的就犯难了，有时过分地劝酒，会将原有的朋友感情完全破坏。

其实宴会上相互敬酒表示友好，可以活跃气氛。但切忌喝酒过量。喝酒过量容易失言，甚至失态，因此必须控制在本人酒量的三分之一以内。

适量饮酒，科学理性

适量饮酒对身体有好处，而喝酒过量对身体坏处很大。荷兰一医生通过观察 805 名男性，发现常饮红葡萄酒患心脏病的危险会降低一半。而白葡萄酒虽与其同宗，但因在酿制过程中槲皮酮丧失殆尽，故几乎没有保护心脏的作用。

饮酒最佳时间是每天下午两点以后，因为上午几个小时，胃中分解酒精的酶——酒精脱氢酶浓度低，饮用等量的酒，上午不易吸收，使血液中的酒精浓度升高，对肝、脑等器官造成较大伤害。此外，空腹、睡前、感冒或情绪激动时也不宜饮酒，尤其是白酒，以免心血管受害。

最佳饮量。人体肝脏每天能代谢的酒精约为每千克体重1克。一个60千克体重的人每天允许摄入的酒精量应限制在60克以下。低于60千克体重者应相应减少，最好掌握在45克左右。换算成各种成品酒应为：每天60度白酒50克、啤酒1千克、威士忌250毫升。红葡萄酒虽有益健康，但也不可饮用过量，以每天2至3小杯为佳。

空腹饮酒有害健康，选择理想的佐菜既可饱口福，又可减少酒精之害。从酒精的代谢规律看，最佳佐菜当推高蛋白和含维生素多的食物。因为酒精经肝脏分解时需要多种酶与维生素参与，酒的度数越高，酒精含量越大，所消耗的酶与维生素也就越多，故应及时补充。富含蛋氨酸与胆碱的食品尤为有益，如新鲜蔬菜、鲜鱼、瘦肉、豆类、蛋类等。切忌用咸鱼、香肠、腊肉下酒，因为此类熏腊食品含有大量色素与亚硝胺，与酒精发生反应，对肝脏有不良影响。

敬酒有序，主次分明

敬酒也是一门学问。一般情况下敬酒应以年龄大小、职位高低、宾主身份为序，敬酒前一定要充分考虑好敬酒的顺序，分清主次。与不熟悉的人在一起喝酒，也要先打听一下身份或是留意别人如何称呼，这一点心中要有数。敬酒时一定要把握好敬酒的顺序。在场有身份高或年长的人，要先给其敬酒，不然会使大家都很难为情。

祝酒碰杯时，主人和主宾先碰，人多可同时举杯示意，不一定碰杯。祝酒时注意不要交叉碰杯。在主人和主宾致辞、祝酒时，应暂停进餐，停止交谈，注意倾听，也不要借此机会抽烟。主人和主宾讲完话与贵宾席人员碰杯后，往往到其他各桌敬酒，遇此情况应起立举杯。碰杯时，要目视对方致意。

入乡随俗，灵活机动

酒席宴上要看清场合，正确估计自己的实力，不要太冲动，尽量保留一些酒力和说话的分寸，既不让别人小看自己又不要过分地表露自身。

如藏族迎宾送客时，全家都排列门前，向来客献哈达和酒，这是最尊贵的礼节。客人双手接过酒后，首先要用无名指蘸点酒往空中抛弹三下，以敬天祭神，然后分三口将一杯酒喝干。接下来主人会边跳舞边唱歌，热情相劝。在欢庆节日、亲朋聚会或集体劳动之余，喝酒喝得起兴，就随时随地可摆酒场。在场的人围成舞圈，在圈中央放一罐酒和18只龙纹大碗，人们跳一阵舞就停下喝一阵酒。也有的在舞圈设下酒卡，由某位老人斟满酒守候着，跳舞的人每经过这里，必得满饮三杯才能放行。酒场轮流劝酒，绝不轻易放人过关，所谓“酒场如战场”即指这类规矩而言。这时候即使是滴酒不沾的人也必须把酒喝掉，因为如果不喝的话，会被认为是不礼貌的表现。其实，这时候的酒已不仅仅是酒，而是礼仪的载体。酒歌也不仅为劝酒而唱，而是喝酒就要唱歌，“酒没有歌，那就像清水般没有味道”。酒和歌已结成亲密的孪生姊妹。对酒当歌，人生几何，这也是一种生活的艺术。

还有一点，中华民族大家庭中的五十六个民族中，除了信奉伊斯兰教的回族一般不饮酒外，其他民族都是饮酒的。各民族都有独特的饮酒的习俗。所以参加宴请，应了解对方祝酒文化与祝酒习惯，以便作必要的准备，避免出现尴尬或伤感情的局面。

第六章

民间饮茶习俗

《茶经》的品茶之道与审美精神

茶是中国人的主要日常饮料，喝茶的习俗盛于唐宋时期。茶是世界的三大无酒精饮料（茶叶、咖啡和可可）之一，寻根溯源，与茶相关的习俗都起于中国。有一个很有名的国际笑话，说的是明清时期英国人将中国的茶叶带回去以后，许多英国人不知道怎么喝，于是就用开水泡茶后，把茶水倒掉，然后大家吃茶叶渣，许多人还都说好吃好吃。从这里也可以看出英国人对中国的饮茶习俗并不了解。现代作家老舍有一次到莫斯科开会，苏联人知道老舍先生爱喝茶，特意给他预备了一个热水瓶。可是老舍先生刚沏好一杯茶，还没喝多少，服务员就把老舍杯中剩下的茶倒掉了。西方人也爱喝茶，但是有时间观念，如晨茶、上午茶、下午茶、晚茶。莫斯科宾馆里的服务员看到半杯剩茶放在那里，以为老舍先生喝剩不要了，就把它倒掉了。可见喝茶确实是中国人的一个饮食习俗，而且形成了自己的民族特色。

茶树原产我国南方，唐朝的陆羽在《茶经》开卷中就说："茶者，南方之嘉木也。"我国是世界上最早发现茶树和利用茶树的国家，是茶的发祥地。茶可以说是中华民族智慧的一个象征。

在浩如烟海的中国古代文化典籍中，有专门论述茶叶、茶俗的书，如唐朝的陆羽（733－804）的《茶经》成书于公元八世纪，是中国历史上最早的一部关于茶的著作。《茶经》是中国茶文化发展到一定阶段的重要标志，也是关于茶俗经验的时代总结。作者详细收集历代茶叶史料，记述亲身调查和实践的经验，对唐代及唐代以前的茶叶历史、产地，茶的功效、栽培、采制、煎煮、饮用的知识技术都作了阐述，是中国古代最完备的一部茶书，使茶叶生产从此有了比较完整的科学依据，对茶叶生产的发展也起过一定的推动作用。《茶经》共三卷七千多字，篇幅并不多，但自从问世以后，就被奉为经典。后代茶书基本上都是对陆羽《茶经》的注释。

饮茶有诸多益处，例如可以清热解暑提神等。陆羽认为饮茶的意义不仅在于此，饮茶是一种艺术，是一种修养身心的手段，是一种无可比拟的精神享受。陆羽特别讲究茶的色、香、味。陆羽的朋友皎然在一首题为《饮茶歌诮崔石使君》的诗中写道："一饮涤昏寐，情思爽朗满天地；再饮清我神，忽如飞雨洒轻尘；三饮便得道，何须苦心破烦恼。""孰知茶道全尔真，唯有丹丘得如此。"皎然的茶道，是修道与艺术的统一，而陆羽的认识则更为全面。《茶经》中记载："茶之为用，味至寒，为饮最宜。精行俭德之人，若热渴、凝闷、脑疼、目涩、四肢烦、百节不舒，聊四五啜，与醍醐、甘露抗衡也。采不时，造不精，杂以卉莽，饮之成疾。茶为累也，亦犹人参。”说的就是茶性比较寒凉，但喝茶也要讲方法，否则就和吃人参一样，服法不当，会成为生活中的累赘。

不同的茶有不同的品性，如《红楼梦》第四十一回中写贾母吃了饭后，带着刘姥姥来到拢翠庵。妙玉烹了茶来，贾母道：“我不吃六安茶。”妙玉笑说：“知道，这是老君眉。”“六安茶”是绿茶，而“老君眉”有学者认为是产于福建的发酵的红茶中的一种，可解饭后油腻，因此也可以看出贾母对茶叶的品性十分了解。

北宋陈师道为陆羽《茶经》所作序说：“夫艺者，君子有之，德成而后及，所以同于民也；不务本而趋末，故业成而下也。”陈师道认为“茶之艺”乃下，为末，而德为本。中国古代有“茶道”一词，但没有直接提出“茶艺”概念。从这里也可以看出在饮茶习俗上，道与器的中国传统观念的体现。古人说，形而上者谓之道，形而下者谓之器，所谓形而上，就是抽象超越的意思，而形而下就是实在的器用层面，这也就是道器之辨。在喝茶习俗上，也有这个道器之分。所谓茶道，就是品茶达到一个艺术自由的层面，而不只是一个技术的层面。所以在古代叫“茶道”，不叫“茶艺”，也体现了古代中国文化的“重道不重器”的文化精神。“茶道”这个词语非常具有中国的文化特色，因为它不只是重视外在的形式，如技巧之类的，“茶道”更重视一种内在的精神，一种文化气质，所以“茶道”一词很多情况下要靠自己的揣摩和领悟。

明代张源《茶录》“茶道”条记：“造时精，藏时燥，泡时洁，精、燥、洁，茶道尽矣。”张源的“茶道”即“茶之艺”，乃造茶、藏茶、泡茶之艺。

“茶道”一词的中国文化精神在传统文人雅士的饮茶习俗中表现最为明显，如苏东坡的饮茶、周作人的饮茶。周作人在《雨天的书》中有一篇很有名的《喝茶》的散文，这篇文章说：

喝茶以绿茶为正宗。红茶已经没有什么意味，何况又加糖与牛奶？……中国人上茶馆去，左一碗右一碗地喝了半天，好像是刚从沙漠里回来的样子，颇合于我的喝茶的意思（听说闽粤有所谓吃功夫茶者自然也有道理），只可惜近来太是洋场化，失了本意，其结果成为饭馆子之流，只在乡村间还保存一点古风，唯是屋宇器具简陋万分，或者但可称为颇有喝茶之意，而未可许为已得喝茶之道也。

喝茶当于瓦屋纸窗之下，清泉绿茶，用素雅的陶瓷茶具，同二三人共饮，得半日之闲，可抵十年的尘梦。喝茶之后，再去继续修各人的胜业，无论为名为利，都无不可，但偶然的片刻优游乃正亦断不可少。中国喝茶时多吃瓜子，我觉得不很适宜，喝茶时可吃的东西应当是轻淡的“茶食”。中国的茶食却变了“满汉馍馍”，其性质与“阿阿兜”相差无几，不是喝茶时所吃的东西了。日本的点心虽是豆米的成品，但那优雅的形色，朴素的味道，很合于茶食的资格，如各色的“羊羹”（据上田恭辅氏考据，说是出于中国唐时的羊肝饼），尤有特殊的风味。江南茶馆中有一种“干丝”。用豆腐干切成细丝，加姜丝酱油，重汤炖热，上浇麻油，出以供客，其利益为“堂倌”所独有。豆腐干中本有一种“茶干”，今变而为丝，亦颇与茶相宜。在南京时常食此品，据云有某寺方丈所制为最，虽也曾尝试，却已忘记，所记得者乃只是下关的江天阁而已。学生们的习惯，平常“干丝”既出，大抵不即食，等到麻油再加，开水重换之后，始行举箸，最为合适，因为一到即罄，次碗继至，不逞应酬，否则麻油三浇，旋即撤去，怒形于色，未免使客不欢而散，茶意都消了。

周作人反对在喝茶的时候吃瓜子，认为这样就破坏了茶道的精神，这就是典型的中国茶道精神。周作人的茶道精神在其诗歌中也有体现。如1934年，周作人50寿辰，他自己写了《偶作打油诗二首》。

其一云：

前世出家今在家，不将袍子换袈裟。
街头终日听谈鬼，窗下通年学画蛇。
老去无端玩古董，闲来随分种胡麻。
旁人若问其中意，且到寒斋吃苦茶。

其二云：

半是儒家半释家，光头更不著袈裟。
中年意趣窗前草，外道生涯洞里蛇。
徒羡低头咬大蒜，未妨拍桌拾芝麻。
谈狐说鬼寻常事，只欠工夫吃讲茶。

在这两首诗中，都以喝茶结尾，因为喝茶在周作人那里是文人雅事，周作人有一个散文集名为《苦茶随笔》，说的也是这种品茶品出人生苦寒的境界。

而中国“茶道”传入日本后，其实变成了表演性的技术性的“茶艺”，而不再是中国文化特色的强调形而上的“茶道”了。我们现在虽然也说“日本茶道”，其实更准确的说法应是

"日本茶艺"。

喝茶除了要有好茶以外，还要有好水。陆羽《茶经》中记载："其水，用山水上，江水中，井水下。其山水拣乳泉、石池漫流者上；其瀑涌湍漱，勿食之。久食，令人有颈疾。又水流于山谷者，澄浸不泄，自火天至霜郊以前，或潜龙蓄毒于其间，饮者可决之，以流其恶，使新泉涓涓然，酌之。其江水，取去人远者。井，取汲多者。"陆羽的意思是说泡茶的水用山水最好，江水次之，而井水是不太好的，这当然只是代表唐代人的看法。

唐代张又新著的《煎茶水记》中记载了一则陆羽辨水的故事：唐代宗时，湖州刺史李季卿久闻陆羽之名，一日邀陆羽到衙府里品茶。席间，李季卿问陆羽："煮茶用什么水最好?"陆羽说："山泉水最好。"李季卿又问："天下名泉以何处最好?"陆羽说："扬子江上的南零水。"李季卿为了验证陆羽的话，遂命两名士兵去取南零水。两名士兵奉命取水，途中因船身晃动，桶内的水溢出一大半，于是就近用其他江水加满后，便回去交差。当陆羽用木勺舀水时，说："这不是南零水。"两名士兵起先不肯认错，当水倒到一半时，陆羽才说："这才是南零水。"两名士兵见陆羽辨水如神，震慑不已，于是赶紧俯首认罪。这个故事听起来有些离奇，但也可以看出要喝好茶，没有好水，那也是很困难的。现在有些大城市如上海等处在长江的下游，水污染比较严重，水质总体上比较差，因此虽然买了好茶，但没有好水，也难以品出其茶味来。

"器为茶之父，水为茶之母。"好茶要和好水、好器皿组合才能品出其茶道来。用来盛茶水的器皿当然是江苏宜兴产的紫砂壶最好，其造型古色古香，给人以审美的视觉享受。现在为了节省成本，多用一次性纸杯泡茶，而一次性纸杯内壁有一层蜡，用开水泡茶后，蜡溶解会影响茶的味道。

焦振紫砂壶作品“圆掇壶”

适量饮茶虽然对人体有益，但并不是每个人都适合饮用。如果不适当地饮用，不仅不会给人体健康带来益处，而且还将会适得其反。下面两种情况就不适宜饮茶：临睡前、服药后不宜饮茶；有便秘、失眠、贫血、或骨折、患有胃溃疡、泌尿系统结石者不宜饮茶。

地方名茶及其地域风格

中国茶类的划分目前尚无统一的方法，有的根据制造方法不同和品质上的差异，将茶叶分为绿茶、红茶、乌龙茶（即青茶）、白茶、黄茶和黑茶六大类。有的根据我国出口茶的类别将茶叶分为绿茶、红茶、乌龙茶、白茶、花茶、紧压茶和速溶茶七大类。

中国地域辽阔，不同地区有不同的饮食特色，由于茶叶主要是产于南方省份，所以中国的名茶也主要分布在南方，如浙江的龙井茶、江苏的碧螺春、福建的铁观音、云南的普洱茶等，下面依次作一介绍。

茶农采摘西湖龙井茶

一、浙江龙井茶

龙井属炒青绿茶，向以“色绿、香郁、味醇、形美”四绝著称于世。好茶还需好水泡。“龙井茶”、“虎跑水”被并称为杭州双绝。虎跑水中有机的氮化物含量较多，而可溶性矿物质较少，因而更利于龙井茶香气、滋味的发挥。龙井茶产于浙江省杭州市郊西湖乡龙井村一带。龙井，原名龙泓，传说三国时就已发现此泉；明代掘井抗旱时从井底挖出一龙形大石，于是更名为“龙井”。龙井产茶唐代就有记载，宋代已经闻名。苏东坡品茗诗中“白云山下雨旗新”形容的就是这种茶的形如彩旗的特点。清代，龙井茶尤为乾隆皇帝所赞誉，向有“黄金芽”、“无双品”之称。龙井茶因有狮峰、龙井、五云山和虎跑山四个不同产地而有“狮、龙、云、虎”的品种区别。其中以“狮峰”、“龙井”品质最佳。龙井茶其叶扁，形如雀舌，光滑、色翠、整齐。特别是清明前采摘的“明前茶”、谷雨前采摘的“雨前茶”，叶芽更为细嫩，冲泡以后，嫩匀成朵，叶似彩旗，芽形若枪，交相辉映，所以这种茶又叫“旗枪”。其汤色明亮，滋味甘美。

二、江苏碧螺春

绿茶中的名品碧螺春，产于太湖洞庭东山和西山。因其形状卷曲如螺，初采地在碧螺峰，采制时间又在春天而得名。相传已有一千三百多年的历史。其品质特点是色泽碧绿，外形紧细、卷曲、白毫多；香气浓郁，滋味醇和；饮时爽口，饮后有回甜感觉。冲泡后，茶汤碧绿清澈，叶底嫩绿明亮。不管用滚水或温水冲泡，皆能迅速沉底，即使杯中先冲了水后再放茶叶，茶叶也照样会全部下沉，展叶吐翠。炒制工艺要求高，需要做到“干而不焦，脆而不碎，青而不腥，细而不断”。尤有兴奋大脑和心脏的作用以及润喉、提神明目的功效。产于江苏吴县太湖之滨的洞庭山。碧螺春茶叶用春季从茶树采摘下的细嫩芽头炒制而成；高级的碧螺春，0.5 千克干茶需要茶芽 6 万 ~7 万个，足见茶芽之细嫩。炒成后的干茶条索紧结，白毫显露，色泽银绿，翠碧诱人，卷曲成螺，故名“碧螺春”。此茶冲泡后杯中白云翻滚，清香袭人，是国内著名的名茶，常被作为高级礼品。

三、黄山毛峰

绿茶中的珍品，因地近黄山而得名。据《徽州府志》记载，黄山毛峰在 300 年前就已著名。明代许次纾所著《茶疏》即将其与钱塘龙井相提并论。清光绪年间，歙县汤口谢裕泰茶庄试制少量黄山特级毛峰茶成功，更加蜚声全国。黄山毛峰茶外形美观，每片长约半寸，尖芽紧偎在嫩叶之中，状若雀舌。尖芽上布满着绒细的白毫，色泽油润光亮，绿中泛出微黄。冲泡后，雾气结顶，清香四溢。茶汁清澈微黄，香气持久，犹若兰惠，醇厚爽口，回味甘甜。茶凉之后，香味犹存，故人称“幸有冷香”。一芽一叶泡开以后，光亮鲜活，有“轻如蝉翼，嫩似莲须”之说。特级黄山毛峰一般都在清明至谷雨间采摘。黄山毛峰采制十分精细，制成的毛峰茶外形细扁微曲，状如雀舌，香如白兰，味醇回甘。

四、福建铁观音

乌龙茶中的珍贵品种。铁观音原是茶树品种名，由于它适于制作乌龙茶，其乌龙茶成品遂亦名为铁观音。一年分四季采制，谷雨至立夏为春茶，产量占全年的一半，品质最好。安溪铁观音的制作工艺要经过凉青、晒青、做青、炒青、揉捻、初焙、复焙、复包揉、文火慢烤、拣簸等工序才制成。铁观音的品饮，目前在福建泉州、漳州以及厦门、广东潮汕一带和台湾，仍沿袭传统的功夫茶品饮方式。陶壶置茶，冲以沸水，此时即有一股特殊香味扑鼻而来，正是“未尝甘露味，先闻圣妙香”。有朋自远方来，飨以功夫茶，确是一种表示敬重客人的生活艺术。铁观音的制作工艺十分复杂，制成的茶叶条索紧结，色泽乌润砂绿。好的铁观音，在制作过程中因咖啡碱随水分蒸发还会凝成一层白霜；冲泡后，有天然的兰花香，滋味纯浓。用小巧的工夫茶具品饮，先闻香，后尝味，顿觉满口生香，回味无穷。近年来，发现乌龙茶有健身美容的功效后，铁观音更风靡日本和东南亚。它产于闽南安溪县内，成品茶外形头似蜻蜓，尾似蝌蚪。泡于杯中“绿叶红镶边”，是乌龙茶之上品。

五、云南普洱茶

普洱茶原产于云南省，生产历史悠久。南宋李石《续博物志》记载，西藩用普洱茶来自唐朝。清代普洱府即现代普洱市，周围所产茶叶，运至普洱府集中加工再运销蒙、康、藏各地，普洱茶因此得名。

普洱茶是用优良云南大叶种，采其鲜叶杀青后揉捻、晒干的晒青茶为原料，经沤堆的特殊加工制成，条索粗壮肥大，色泽乌润或褐红，滋味醇厚回甘，并具独特陈香。普洱茶，被认为是一种具有保健功效的饮料。经医学临床实验证明，普洱茶具有降低血脂、减肥、抑菌、助消化、暖胃、生津、止渴、醒酒、解毒等多种功效。游牧民族主食肉类，俗谚"可三日无粮，不可一日无茶"，可见普洱茶对降低血脂的功效自古即有明证。普洱茶为黑茶类之代表，而且不是所有的新茶都比陈茶好，普洱茶就是陈的香。

有一点要特别补充的是绿茶与红茶的区别。茶叶名目繁多，红茶、绿茶是其中两大类。绿茶制作时不经过任何发酵过程，采摘后直接杀青、揉捻、干燥而成。而红茶在加工中多了一道发酵工艺，因而两种茶叶形成了不同的品质特色，其区别在于：一是口味不同。红茶经过发酵，其鞣质被凝固而不溶于水，所以不如绿茶涩，比较适口；但由于叶内的芳香油大部分挥发掉了，因而没有绿茶清香。二是在制作过程中，绿茶损失茶多酚4%左右，红茶则损失46%左右。茶多酚具有保护毛细血管的作用，能抑制动脉粥样硬化，降低高血压和冠心病的发病率。三是绿茶中的维生素C是红茶的3倍，维生素C是构成人体内氧化还原体系的重要成分，有提高肌体抗病能力和广泛的解毒作用。由此可见，单从防病健身的角度看，还是喝绿茶比较好，但是红茶性温，去寒，暖胃，也有一定的保健作用，而绿茶性凉，清热提神。红茶适合冬天喝，绿茶适合夏天喝，其实也是各有千秋，因人而异，因时而异。

从老舍的《茶馆》谈成都茶馆

如果说文人士大夫的“茶道”重在艺术精神，那么普通民众的饮茶当然很难说是茶道，更多的是一种喝茶活动，而且带有强烈的社会意义。尤其是在茶馆里喝茶，其社会性就更明显，不单纯是艺术化的茶道了。《水浒传》中说鲁智深是牛饮，这当然一点茶道精神也没有。但这种牛饮式的喝茶却也是一种民间风格，民间讲大碗喝酒，大块吃肉，图的就是一个痛快，哪里有文人们的那么多讲究？

老舍以茶馆为载体，以小见大，反映社会的变革，是“吃茶”使各种人物、各个社会阶层和各类社会活动聚合在一起。如果没有“吃茶”一事，则茶馆中任何事情都将不复存在。正因为如此，老舍在剧中对北京茶馆文化也花费了不少的笔墨。如早先的茶馆里，除了喝茶，还有点心“烂肉面”可吃，一边喝茶，一边还可以做不少与茶无涉的事情；北京的茶馆也和江南茶馆一样，是个“吃讲茶”的地方；茶馆的老顾客是可以赊账的，茶客也可以自己带茶叶来坐；茶馆也是听书的好地方，说书人可以借此谋生。

这类细节给《茶馆》所要表现的主题增添了一种真切的氛

围。除了为表现主题服务之外，也展示了中国茶馆文化之一斑。《茶馆》的艺术价值不仅在于通过一个茶馆反映了一段历史时期的社会变革，同时也在于反映了社会变革对茶馆经济和茶馆文化的影响。《茶馆》写得如此成功，主要和老舍对饮茶之道的了解有关。

老舍作为一个北京作家，对于北京的茶文化十分熟悉，而且老舍本人对于茶道也很精通。老舍在《多鼠斋杂谈》中写道："我是地道中国人，咖啡、可可、啤酒皆非所喜，而独喜茶。""有一杯好茶，我便能万物静观皆自得。"汪曾祺在他的散文《寻常茶话》里说："我不大喜欢花茶，但好的花茶例外，比如老舍先生家的花茶。"老舍生前有个习惯，就是边饮茶边写作。抗战期间老舍蛰居重庆时，曾在一篇杂文里提出要戒茶。"不管我愿不愿意，近来茶价的增高已教我常常起一身小鸡皮疙瘩。"在当年国民党统治下的陪都，连老舍这样的大作家也因物价飞涨而喝不起茶，竟然悲愤地提出要戒茶，在现在看来，确实有些难以理解。

过去，茶馆同人们的日常生活有着十分密切的联系，但是我们都习惯于把茶馆看作仅仅是一个休闲的地方，实际上茶馆是一个非常复杂的公共空间。在近代中国城市，恐怕没有其他任何城市的市民，像成都人那样更多地依靠茶馆。俗话说，北京衙门多，上海洋行多，广州店铺多，成都茶馆多。成都的茶馆在中国是非常有地方特色的。

中国茶馆与西方的咖啡馆、酒店和沙龙有许多相似之处，而且其社会角色更为复杂，其功能已远远超出休闲范围，追求闲逸只是茶馆生活的表面现象。茶馆既是休闲娱乐之地，又是各种人物的活动舞台，而且经常成为社会生活和地方政治的中心。

民国时期黄炎培访问成都时，写有一首打油诗描绘成都人日常生活的闲逸，其中两句是："一个人无事大街数石板，两个人进茶铺从早坐到晚。"教育家舒新城也写到，20世纪30年代成都给他印象最深刻的是人们生活的缓慢节奏："在茶馆里，无论哪一家，自日出至日落，都是高朋满座，而且常无隙地。"薛绍铭也发现，"住在成都的人家，有许多是终日不举火，他们的饮食问题，是靠饭馆、茶馆来解决。在饭馆吃罢饭，必再到茶馆去喝茶，这是成都每一个人的生活程序。饭吃的还快一点，喝茶是一坐三四个钟点。"

外来的人们对成都有这种印象并不足为奇，因为成都人自己便有意无意地在推动这样一种文化，成都居民也自嘲这个城市有三多："闲人多，茶馆多，厕所多"。当地民谚称"一市居民半茶客"。成都的茶馆及其文化在中外是声名远播并成为其传统的一部分。成都人也为自己的茶馆文化而自豪，甚至认为只有自己才配称"茶客"。一般准备到茶馆里"泡"上半天一天的人物，都是喝二花、三花的老顾客，就是二级、三级花茶。因为花茶是老茶叶加上茉莉花熏制的，不但价格便宜，三五块钱一碗，还经得起长时间的浸泡，你就是坐在那里喝上一天，茶铺也是笑脸侍候，你随时可以大声地吆喝"掺茶"。普通花茶和绿茶一般都是用盖碗来喝。

四川茶馆的茶具和家具也别具一格。茶具一般由茶碗、茶盖和茶船（即茶托或茶盘）组成，这也是四川人称其为三件头"盖碗茶"的原因。三件头好处不少：茶碗上大下小，体积适中，便于冲茶；茶盖保温透气，搅水隔叶，便于饮茶；茶船稳托碗底，隔热免烫，便于端茶。倒水时一定得是烧得滚开的水，头道水只盛半盏，叫“养叶子”。等到干干的茶叶滋润舒展开了，才冲第二道。这时，滚烫的开水从长嘴大茶壶中飞流直下，舒眉展脸的茶叶在开水的冲击下翻身打滚，再沉于盏底，一盅茶汤，便黄绿喷香，这就是成都茶馆的功夫、成都茶馆的艺术。桌椅也具地方色彩，一般是小木桌和有扶手的竹椅。堂倌是成都茶馆文化的重要角色，或称其“么师”，更有人冠之为“茶博士”。堂倌是成都茶馆的灵魂，一首描述堂倌的民谣唱道：“日行千里未出门，虽然为官未管民。白天银钱包包满，晚来腰间无半文。”最为人们称道的是他们的掺茶技术。堂倌一手提紫铜茶壶，另一手托一叠茶具，经常多达二十余套。未及靠近桌子，他便把茶船茶碗撒到桌面，茶碗不偏不倚飞进茶船，而且刚好一人面前一副。顾客要求的不同种类的茶也分毫不差。只见他距数尺之外一提茶壶，开水像银蛇飞入茶碗，无一滴水溅到桌面。然后他向前一步，用小指把茶盖一一勾入茶碗。整个过程一气呵成，令外乡人瞠目结舌。

人们去茶馆会友、交易、推销、卖艺、闲聊，或无所事事、观看街头行人。成都市民基本没有固定工作时间，只要他们不工作，无论白天还是晚上，都可待在茶馆。

茶馆对于一个男人来说是一个毫无拘束的地方。如果他感觉燥热，可以剥掉衣服赤裸上身；如果他需理发，理发匠可就在他座位上服务，而不管剪下的头发经常飞入自己和他人茶碗之中；脱下鞋让修脚师修趾甲在茶馆也无伤大雅；如果感到寂寞，可以听别人闲侃，或加入其中，即使互不认识；在茶馆里

成都茶馆一角

从不受时间限制，如果有急事去办，只需把茶碗推到桌中央并告诉堂倌留着，数小时后，还可以回来继续品那杯茶。

对茶客来说，闲聊，成都人称摆龙门阵，恐怕是茶馆最具魅力之处。人们在那里谈论一切事情。人们在茶馆里交谈的具体内容留下的记载不多，但《国民公报》有个专栏记载记者所见所闻，其中颇有些是从茶馆得来的。我们因而得知人们在茶馆里抱怨世风日下，议论新公布的规章，交流各种社会新闻，还可以经常从一些茶馆里的小插曲中得到乐趣。

茶馆又是娱乐中心，许多艺人在那里卖艺为生，茶馆也借精彩的演出吸引顾客。实际上成都早期的剧场即产生于茶馆。每当夜晚，穷街陋巷一片漆黑，下层人民则聚集在明亮拥挤的茶馆听评书。评书先生的精湛技艺吸引听众日复一日、甚至年复一年到同一地方听书，不仅提供了娱乐，而且普及中国历史知识。他们不自觉地散布着正统的价值观，把诸如忠、孝、礼、智、信等灌输到那些没有受过教育的人们的头脑中，他们也可被视为大众的教育者。各种民间艺人使茶馆文化更为丰富，他们大多是当地人，但也有来自外省的，如唱大鼓书的多来自华北。这些艺人多有固定的演出场所，观众明了到何处欣赏他们喜欢的剧目或演员。

第七章

地方风味饮食

地方风味小吃

民以食为天，中国餐饮文化博大精深，风味小吃在中国的饮食文化中也是品类众多，琳琅满目。风味小吃作为中国烹饪文化的重要组成部分，本身在不断地提高，也不断谱写人类饮食的文化史。就拿生活中最常见的日常小吃咸菜、萝卜干来说，我们也可以发现中国地方风味食物的地方文化特征。汪曾祺在《咸菜和文化》一文中说：

咸菜可以算是一种中国文化。西方似乎没有咸菜。我吃过“洋泡菜”，那不能算咸菜。日本有咸菜，但不知道有没有中国这样盛行。……中国不出咸菜的地方大概不多。各地的咸菜各有特点，互不雷同。北京的水疙瘩、天津的津冬菜、保定的春不老。“保定有三宝：铁球、面酱、春不老。”我吃过苏州的春不老，是用带缨子的很小的萝卜腌制的，腌成后寸把长的小缨子还是碧绿的，极嫩，微甜，好吃，名字也起得好。保定的春不老想也是这样的。周作人曾说他的家乡经常吃的是咸极了的咸鱼和咸极了的咸菜。鲁迅《风波》里写的蒸得乌黑的干菜很诱人。腌雪里蕻南北皆有。上海人爱吃咸菜肉丝面和雪笋汤。云南曲靖的韭菜花风味绝佳。曲靖韭菜花的主料其实是细切晾干的萝卜丝，与北京作为吃涮羊肉的调料的韭菜花不同。贵州有冰糖酸，乃以芥菜加醪糟、辣子腌成。四川咸菜种类极多，据说必以自贡井的粗盐腌制乃佳。行销全国，远至海外，堪称咸菜之王的，应数榨菜。朝鲜辣菜也可以算是咸菜。延边的腌蕨菜北京偶有卖的，人多不识。福建的黄萝卜很有名，可惜未曾吃过。我的家乡每到秋末冬初，多数人家都腌萝卜干。到店铺里学徒，要“吃三年萝卜干饭”，言其缺油水也。中国咸菜多矣，此不能备载。如果有人写一本《咸菜谱》，将是一本非常有意思的书。

单咸菜就有这么多的学问，那么中国的小吃更是琳琅满目，美不胜收。我国小吃历史悠久，底蕴深厚。“小吃”一词最早见于宋代吴曾的《能改斋漫录》一书：“世俗例以早晨小吃为点心”。但见诸文字记载的小吃品种却可以上溯到距今三千年左右。出生于湖北省秭归县的我国古代伟大诗人屈原，在《楚辞·招魂》中描述的楚国筵席菜单就有麻花、馓子、蜜糖糕、油煎饼等各式小吃。到了汉唐以后，小吃已成为各地食品的典型代表。加之粮食的丰足，小吃品种得到了进一步的发展，出现了饼、糕、粽等多种小吃，据宋代吴自牧《梦粱录》中描写当时经营小吃的盛况：“每日交四更，诸山寺观已鸣钟……御街铺店，闻钟而起，卖早市点心，如煎白肠、羊鹅事件、糕、粥、血脏羹、羊血粉羹之类……有卖烧饼、糍糕、雪糕等点心者从赶早市直到饭前方罢。”其时全貌可见一斑。这些充分说明我国小吃悠远的历史底蕴。

我国地域宽广，海岸线绵长，河网交织，湖泊星罗，有山区，有平川，有海岛，也有内陆，土地肥沃，物产丰富。如湖北、湖南、江苏、浙江等地自古以来就是著名的“鱼米之乡”，各地劳动人民利用富饶的物产资源，创制了品种繁多、风味各异的小吃品种。小吃有明显的文化区位或省区地理区域的分布特性，但同时又有明显的创造者与嗜习者的民族性和结构层次性，甚至是类别文化的特异性。中国地方风味小吃种类丰富，有面点、肉类，有甜的、咸的、辣的，有蒸的、煮的，数不胜数。其实现在许多小吃在全国各地都可以吃到，但是家乡的小吃具有浓郁的地方文化特征，有一种浓浓的乡情在里面。像米粉这种小吃，现在全国各地都可以吃到，但是当一个长沙人或桂林人回老家吃家乡的米粉时，会有一种怀旧的感情产生。

地方小吃不只是简单的地方风味食物，它也是区域人群的感情维系的纽带。由于中国具有地方风味的小吃实在不胜枚举，本文依据中国八大地区的划分，只就每一地区最具有代表性的风味小吃作一简单介绍。

一、华北地区

北京的豆汁、豆面糕、爆肚、灌肠、涮羊肉等，天津的狗不理包子、桂发祥麻花、耳朵眼炸糕等，河北省的棋子烧饼、驴肉火烧、血馅饺等，山西省的牛羊肉泡馍、刀削面、石头饼等，内蒙古自治区的烧卖、手扒肉、奶皮子等。下面主要介绍三种北京小吃和三种天津小吃。

北京小吃

(1) 驴打滚

豆面糕又称驴打滚，是北京小吃中的古老品种之一，它的原料是用黄米面加水蒸熟，和面时稍多加水和软些。另将黄豆炒熟后，轧成粉面。制作时将蒸熟的黄米面外面沾上黄豆粉面擀成片，然后抹上赤豆沙馅（也可用红糖）卷起来，切成100克左右的小块，撒上白糖就成了。制作时要求馅卷得均匀，层次分明，外表呈黄色，特点是香、甜、黏，有浓郁的黄豆粉香味儿。

豆面糕以黄豆面为其主要原料，故称豆面糕，但为什么又称"驴打滚"呢？这是一个比喻，制好后放在黄豆面中滚一下，如郊野的驴子打滚，沾上一些泥似的，故而得名。《燕都小食品杂咏》中说："红糖水馅巧安排，黄面成团豆里埋。何事群呼'驴打滚'，称名未免近诙谐。"还说："黄豆黏米，蒸熟，裹以红糖水馅，滚于炒豆面中，置盘上售之，取名'驴打滚'，真不可思议之称也。"可见"驴打滚"的叫法已约定俗成。如今，很多人只知雅号俗称，不知其正名了。现各家小吃店一年四季都有供应，但大多数已不用黄米面，改用江米面了，因外滚黄豆粉面，其颜色仍为黄色，是民众非常喜爱的一种小吃。

(2) 爆肚冯

"爆肚冯"于清光绪年间由山东陵县人冯立山创立于北京后门桥，经营爆肚。1937年爆肚冯成为北京著名的门框胡同小吃摊群中的重要美食。第三代传人冯广聚继承祖业，除采用传统制作方法外，还十分注重原料的精选和佐料的配制，并大胆创新，使其爆肚的色、香、味俱佳，受到各界顾客的好评，吸引了各界人士前来品尝，如鲁迅、巴金、丁玲、荀慧生、尚小云、李万春、谭富英等皆是门框胡同的常客。

爆肚原先是只吃羊肚，后来才发展为牛肚居多。做好爆肚首先是选料，其次是刀工，每个部位切的刀法各有区别。比如牛肚仁要切片，肚板和葫芦头得切成韭菜叶宽的条，而羊肚板、羊肚仁和食信就得切成寸段，这样爆出来的肚才好吃。再有，爆肚须讲究火候，肚子的不同部位爆的时间各不相同。这既需要用眼睛看，还必须凭感觉，没三四年的工夫根本练不出来。最后是配制作料，爆肚冯的作料是由麻酱、醋、酱豆腐、味精、口蘑汁等13种配料组成。“爆肚冯”在北京小吃中屹立不倒的原因，除了他们在小吃制作上严把关，选料、刀工、火候、作料四个方面都很重视外，更重要的是他们及时适应了现代人的消费观念，每一代“爆肚冯”的传人都会有新的改变。爆肚冯的经营地址在北京前门外廊房二条39号。但遗憾的是2006年4月初，聚集了众多北京老字号小吃的前门外廊房二条胡同拆迁改造，所以现在要在北京吃正宗的爆肚冯也得费一些周折。

（3）豆汁

豆汁的原料来源是粉坊。具体做法是先将绿豆用水泡至可捻去皮时捞出，经水磨出浆，过滤后倒入大缸，上层为清水，下层为淀粉，中层为豆汁。此时的豆汁称为“生汁儿”，生汁经发酵后即成“熟汁儿”。“熟汁儿”经熬制后即可饮用，老北京熬豆汁讲究用大砂锅，以小火熬制，随卖随添“熟汁儿”。盛豆汁儿还有讲究，用勺子沿锅边搅一下再盛，保证先盛的与后盛的稀稠一致。豆汁以浓稠见长，为灰青色，口感有点像黑芝麻糊，与豆汁儿配套的食品是焦圈、烧饼、切得极细的酱菜。老北京喝豆汁一般用马蹄烧饼夹着焦圈吃。豆汁是三教九流都喜欢的食品，京剧大师梅兰芳就最爱喝豆汁。

老北京豆汁摊的辣菜丝都是免费的，常有食客自己揣着饽饽来喝豆汁，就饽饽大吃免费咸菜，摊主亦无可奈何。现在喝北京豆汁也有闹笑话的，一位外地人搞不清豆汁与豆浆的区别，在豆汁店只尝了一口豆汁便把碗放下了，凑近店主耳边小声说："你的豆浆都馊了，快别卖了。"如今北京喝豆汁的地方已不多了，位于磁器口的锦馨豆汁店是北京一家豆汁专卖店，味道比较纯正。现代作家梁实秋在《豆汁儿》一文中对喝豆汁有生动的描述，文章说：

豆汁下面一定要加一个儿字，就好像说鸡蛋的时候鸡子下面一定要加一个儿字，若没有这个轻读尾的语气，听者就会不明白你的语意而生误解。

胡金铨先生在《谈老舍》的一本书上，一开头就说：不能喝豆汁儿的人算不得是真正的北平人。这话一点儿也不错。就是在北平，喝豆汁儿的人也是以北平城里人为限，城外乡间没有人喝豆汁儿，制作豆汁儿的原料是用以喂猪的。但是这种原料，加水熬煮，却成了城里人个个欢喜的食物。而且这与阶级无关。卖力气的苦哈哈，一脸渍泥儿，坐小板凳儿，围着豆汁儿挑子，啃豆腐丝儿卷大饼，喝豆汁儿，就咸菜儿，固然是自得其乐。府门头儿的姑娘、哥儿们，不便在街头巷尾公开露面，和穷苦的平民混在一起喝豆汁儿，也会派底下人或是老妈子拿砂锅去买回家里重新加热大喝特喝。而且不会忘记带回一碟那挑子上特备的辣咸菜，家里尽管有上好的酱菜，不管用，非那个廉价的大腌萝卜丝拌的咸菜不够味。口有同嗜，不分贫富老少男女。我不知道为什么北平人养成这种特殊的口味。南方人到了北平，不可能喝豆汁儿的，就是河北各县也没有人能容忍这个异味而不龇牙咧嘴，不能大口猛灌。三在咸菜的辣，辣得舌尖发麻。越辣越喝，越喝越烫，最后是满头大汗。我小时候在夏天喝豆汁儿，是先脱光脊梁，然后才喝，等到汗落再穿上衣服。

天津小吃

（1）桂发祥麻花

“桂发祥麻花”，又有人叫“十八街麻花”，两个名字却是一种东西。叫它“桂发祥”是因为这里的麻花创始人是范贵才、范贵林兄弟，他们曾开了“桂发祥”和“桂发成”两家麻花店，后来两家并一家，成了“桂发祥”；叫它“十八街”是因为当年这两家店铺都坐落在天津大沽南路十八街，因地而得名。而我们在这里为了说明这两种麻花是一家所生产的，就管它叫桂发祥十八街麻花。

天津大麻花

这种麻花的主料是面粉、花生油和白糖，又加了桂花、青梅等十几种小料。需要发肥、熬糖、配料、制馅、和面、压条、劈条、对条、成型和炸制10道工序。由十根细条组成，在白条和麻条中间夹一条含有桂花、闵姜、桃仁、瓜条等多种小料的酥馅，拧成三个花，成为什锦夹馅大麻花。由于在炸制的过程中，要根据面粉质量调整油酥大小，适应气温高低变化增减肥、碱剂量，保证投料配比，所以在麻花成型后，可以在干燥通风处放置数月不走味，不绵软、不变质。最后把麻花放进花生油锅里在微火上炸透，再夹上冰糖块，撒上青红丝、瓜条等小料，酥脆香甜，胜似酥糖。

（2）狗不理包子

说到天津的狗不理包子，以前有人去天津旅游，打算吃遍天津小吃。当人们看到“狗不理包子”这几个字的时候，就很奇怪，连狗都不愿意理会的包子，为什么还有那么多人去排队买呀？

传说，在天津郊区有一户农民，四十岁时才喜得贵子，为了求平安，就取了个贱名叫“狗子”。狗子长到十四岁时，就不得不进城学艺，在一家蒸食铺当小伙计。狗子心灵手巧、勤奋好学，练了一手好活儿。但是，他家穷得总让人看不起，不断地被人取笑。于是狗子就再不甘心寄人篱下、任人摆布了，便摆起了包子摊儿。狗子的包子在他的琢磨下，别具一格。用料精细，制作讲究。在用料上，包子的馅，选用七成瘦三成肥的新鲜猪肉，用上等酱油找口，再放上香油、味精、葱姜末等佐料，边加水，边搅拌，打成肉丁水馅。包子的皮使用半发酵“一拱肥”面。做工上，从揉面、揪剂子、擀皮、装馅、掐包、上屉、上大灶，都有明确的规格标准，掐出来的包子褶花匀称，每个包子的褶不少于十五六个。

这种水馅、半发面的工艺，使做出来的包子口感柔软、鲜香不腻，越来越多的人都来吃包子，生意十分兴隆。而狗子则忙得顾不上与顾客们说话，众人就开玩笑地说："狗子卖包子都不理人了"。民间说"狗子"和"狗狗"一样，都含有亲切的意思。天长日久，喊顺了嘴，包子就成了"狗不理"了，所以"狗不理包子"中的"狗"是指人名，不是指动物的狗。

(3) 耳朵眼炸糕

当年创始人刘万春在北门外窄小的耳朵眼胡同出口处常年以卖炸糕谋生，并逐渐形成独特风格，所以被戏称为耳朵眼炸糕。耳朵眼炸糕的传统制法，是选用北河、西河的上等新黏黄米，水磨后发酵、兑碱、揉匀，制成面团。选用优质红小豆煮烂，使用铜丝箩搓沙，放入红糖汁炒成豆沙馅。炸糕团成团儿，先使温油下锅，后加旺火炸透。

用这种方法制成的炸糕火候适当，既不焦煳也不跑馅，出锅后厚薄均匀，呈金黄色，而且炸的个儿大，做到"高发"，也有祝福顾客高升发财的吉祥之意。

耳朵眼炸糕个头儿大，一次买上三五个就够全家吃的了。耳朵眼炸糕吃到嘴里外焦里嫩，香甜酥脆，深得天津人的喜爱。

二、东北地区

辽宁省的马家烧卖、老边饺子、老山记海城馅饼等，吉林省的李连贵熏肉大饼、打糕、回宝珍饺子等，黑龙江省的松仁小肚、红肠、大列巴、玫瑰酥饼等。这几样小吃中，马家烧卖和回宝珍饺子是回民小吃，打糕是朝鲜族的小吃。

哈尔滨小吃

（1）哈尔滨松仁小肚

松仁小肚用新鲜优质猪肉、猪小肚作主料，调配以黑龙江林区特产松子仁、山东的芝麻香油、纯绿豆淀粉等辅助原料，精工细做，熏烤而成。它皮呈棕褐色，切开后断面有光泽，切片不松散，富有弹性。松仁小肚味道鲜美、纯香适口，久食不腻，具有独特的松仁香味，属上乘灌制品。

京字牌松仁小肚，是哈尔滨正阳楼风味独特的肉类制品。主要以松仁的清香提味，切开后颜色正，香气四溢，肥而不腻。由于使用绿豆淀粉，因而又具有透明度好、细嫩而富有弹性、切片薄而不碎等特点。在色泽上，肚外表呈棕褐色，烟熏均匀，光亮滑润。肚内肥肉洁白，瘦肉呈淡红色，淀粉浅灰。其外皮无皱纹，不破不裂，坚实而有弹性。灌馅均匀，中心部位的馅熟透，无黏性，切断面较透明光亮。每个重500克~750克。味鲜美，清香可口，没有松油味，不黏糊。

（2）哈尔滨红肠

哈尔滨最经典的小吃就是哈尔滨红肠。红肠原本来自俄罗斯。红肠是用长在大兴安岭的老果木熏制而成，熏得好的红肠，表面会粘附一层肉眼看不见的果木炭灰。吃的时候要把表皮也一块吃掉，这才是真正的红肠风味。哈尔滨红肠选料精良，以猪瘦肉为主要原料，恪守欧式配方，经引进欧洲先进生产工艺设备精加工而成。产品外观鲜艳枣红，光泽起皱，内部玫瑰红色，脂肪乳白色，切面光泽有弹性，肉香与胡椒、蒜香混合的香气较浓，味美质干，熏烟芳香。由于采用先进的标准生产，其产品蛋白质含量高，营养丰富。由此也可以看出，哈尔滨的红肠的生产也已经摆脱了原来家庭生产的形式，变成公司生产，因而经营规模更大。

（3）哈尔滨大列巴

哈尔滨大面包是典型的俄罗斯大面包，俗名“大列巴”，被称为哈尔滨一绝，是哈尔滨独特的风味食品。由于在中国只有哈尔滨有正宗的烘烤俄罗斯面包的传统面点师和设施，因而成为当地的特色食品。俄罗斯的农村每个村庄一般只有一个面包炉，各个家庭到这个面包炉定期烤一批面包，平时只在家中吃储存的面包，因此面包制作得非常大，吃时切下一片。由于历史悠久，发展出制作大面包的传统技术。大面包比小的香味浓郁，口味微酸，较硬，适宜储存，另有一番风味。出炉后的大面包为圆形，有2.5千克重，外皮焦脆，内瓤松软，香味独特，具有传统的欧洲风味，是老少皆宜的方便食品。大列巴的与众不同在做工上，多数面包都是由干式酵母发酵出来的，而这种面包是由流式酵母，用啤酒发酵出来，所以其口味独特。在烘烤面包的时候，先要将柞树等硬杂木的木头放入烤炉之中，将炉壁熏出木头的香味，然后再把面包放进炉子中，这样烤出的面包也会有木头的清香。哈尔滨秋林公司和华梅西餐厅生产的大列巴都已有七十多年的历史。

三、华东地区

上海市的汤包、千张包、南翔小笼馒头等，江苏省的藕粉圆子、千层油糕、梅花糕等，浙江省的鲜肉粽子、西湖藕粉、糯米莲藕等，安徽省的徽州臭豆腐、五城茶干、伏岭玫瑰酥等，福建省的光饼、锅边糊、手抓面等，江西省的蛋味香、包米果、贵溪灯芯糕等，山东省的油炸螺丝糕、周村烧饼、鸡肉糁等，浙江绍兴的茴香豆、臭豆腐。

绍兴小吃

（1）茴香豆

茴香豆是绍兴几乎所有酒店四季常备的一种下酒物。用罗汉豆浸泡后沥干，与茴香、桂皮、食盐和食用山茶入锅，放上适量的水，用文火慢煮，使调味品汁从表皮至豆肉得以吸收，待水分基本煮干后，揭锅冷却，即成茴香豆。这种茴香豆是青黄色，表皮起皱，韧软耐嚼，清香味甘，五香馥郁，咸而入味。又因桂皮具有矫臭调味的作用，民间认为茴香豆“入肚暖胃”。行家烹制茴香豆，使它熟而不烂，因此，咀嚼起来越嚼越有味，最适宜作为下酒菜。由于鲁迅先生在《孔乙己》中写到茴香豆，因而随小说的传播而蜚声国内外。现在，这种传统食品已成了旅游者的“纪念品”，许多外宾在参观了鲁迅纪念馆后，无不慕名赶到附近的咸亨酒店，要一碗酒，买一碟茴香豆，体验一下当年孔乙己的生活。临走时还不忘捎带几袋馈赠亲友，共享漫游鲁迅故乡之乐。

绍兴臭豆腐

（2）臭豆腐

凡到过绍兴的人，都被飘扬在街头的“远之则臭，近之则香”的气味所吸引，那就是众多游人难以忘怀的臭豆腐。臭豆腐是霉菜的一种，它是利用霉苋菜梗卤浸泡豆腐制成的，再用油炸了吃，香臭融合、外脆里嫩，是绍兴街头十分常见的小吃。到了绍兴咸亨酒店门口，就能闻到油炸臭豆腐的味道。油炸臭豆腐抹上辣酱后卖相更是诱人，绍兴咸亨酒店的辣酱虽不太辣，但却很咸，具有浓郁的绍兴地方风味。除此以外，江南古城绍兴，许多吃食带有“霉”字，还有霉豆腐、霉千张、霉苋菜梗、霉毛豆、霉菜头、霉竹笋、霉冬瓜等，这些都成了绍兴最有特色的风味菜肴。如霉千张，是绍兴人饭桌上的家常菜。层层卷叠，亦黄亦黑，亦霉亦臭，可谓食物中之怪味。这些霉食不但取材方便、加工简单，而且还有开胃增食的作用，是一种经济实惠的菜肴。因此人们说到绍兴不吃绍兴霉食，不算到绍兴。

(3) 绍兴香糕

绍兴香糕已有二百多年的历史。相传第一批香糕是偶然制成的。当时绍兴城内长桥附近，有一家叫“王金四房”的年糕店，生产印糕（潮糕）。由于这家糕店粉白糖足，加工讲究，供不应求。有一天，因气候突变，这家糕店的印糕当天没有售完。店主怕印糕隔夜变味，影响声誉，便用火将它焙干。谁知经过烘焙的印糕，其味香脆可口，远比印糕为佳。第二天上市供应，被顾客抢购一空。店主见有利可图，以后就生产经过烘焙的印糕出售。不久，各年糕店也竞相仿制。因印糕经过烘焙，松脆香甜，后来就称之为香糕了。

香糕的规格品种很多，味道也有香甜、椒盐之分。黄色的有琴糕、朝笏糕（其形似朝笏），白色的有鸡骨糕和含有桂花香味的桂花糕等。其原料以精白米、糖为主，辅以丁香、白芷、豆蔻等中药制成的香料，因此，兼有甜、香、脆诸特点。清代曾列为绍兴八大贡品之一。

前面介绍了三个绍兴的小吃，绍兴小吃的一个总体特点就是比较咸，连绍兴香糕都带有一点咸味，绍兴人的家常日用菜如腌青鱼就更咸。周作人在《日本的衣食住》一文中说：

中国学生初到日本，吃到日本饭菜那么清淡，枯槁，没有油水，一定大惊大恨，特别是在下宿或分租房间的地方。这是大可原谅的，但是我自己却不以为苦，还觉得这有另一种风趣。吾乡穷苦，人民努力日吃三顿饭，唯以腌菜臭豆腐螺蛳为菜，故不怕咸与臭，亦不嗜油若命，到日本去吃无论什么都不大成问题。

苏州小吃

和绍兴小吃相比，苏州小吃也值得一提。苏州小吃与绍兴小吃在口味上很不一样。绍兴小吃的特点是咸、臭、霉，许多外地的游客往往吃不惯，而苏州小吃的总体特点是甜、糯、香。苏州小吃园位于苏州观前街太监弄内，属得月楼分店。苏州小吃园的小吃品种较为齐全，是目前苏州唯一品尝小吃的地方。小吃园供应的品种有枫镇大面、油氽紧酵、桂花芋艿、白糖焐熟藕、桂花汤圆、桂花芡实莲心、炒血糯、鸡鸭血汤、油氽春卷、灌汤小笼、酱田螺等几十个品种。小吃园严格采用传统加工方法烹制，使小吃原汁原味，纯正可口，深受客人喜爱。

福建沙县小吃

(1) 馄饨

扁肉，俗称馄饨，是沙县最有人气的小吃。因其馅料、汤料、吃法、调味上的差异，分为煮扁食、炸扁食、炝扁食、三鲜扁食、虾肉扁食、扁食面等二十多个品种。福建沙县扁食的最大特点是皮薄馅多，500 克面粉一般能加工出三四百张皮坯，馅肉用的是新鲜猪后臀纯精瘦肉。最特别的是在皮、馅里加碱，这样一来，皮坯变得更有弹性，且不易酸败变味。馅料则增加吃水量，脆嫩有味，嚼劲十足。煮熟后，晶莹通透的扁食，载沉载浮于白浓的高汤上，再撒上翠绿的葱花，清香扑鼻，诱惑难当，具有地域特色。

沙县的扁肉肉馅，是用木槌打成的，一团瘦肉打成肉馅，要打一万次上下，其辛苦程度可想而知。如果用绞肉机，固然省力，但做出来的肉馅的口感、韧性远不如木槌打成的。因此许多经营者放弃了轻松，宁肯站在半人高的台前，一下一下挥舞着笨重的木槌。也正是靠这种特色才使沙县小吃赢得了全国各地顾客喜爱，享誉海内外。除沙县蒸饺、拌面之外，沙县的炖罐都是药膳。扁肉馄饨吃起来，肉馅嫩、鲜、脆、爽，汤有淡淡的当归气息，通常一碗扁肉、一笼沙县蒸饺，可以吃得心满意足。

（2）豆腐丸

豆腐丸是沙县小吃的“当家花旦”之一，入口嫩滑，香味四溢，而且绝对是高蛋白、低热量的健康美味，老少咸宜。这样难得的美味，制作过程其实相当简单：先取若干鲜豆腐投入盆中，添加鸡蛋、姜汁、葱、味精、胡椒粉及少量木薯粉搅成糊状，然后用汤匙舀起，包入肉馅，投入水中，用文火慢煮，待丸子浮出水面，便捞起备用。接下来，将锅烧热，倒入鲜猪油，加少许姜丝、葱末，再倒入适量清水，然后将煨好的豆腐丸倾入锅内，用文火煮10～15分钟，加味精、麻油、黄酒、辣酱等佐料，起锅后就可以食用了。

（3）米冻

沙县人把制作米冻称为“写”米冻，“写”在沙县方言中有绕圈子的意思。选用上好早米，淘洗并浸泡一夜后，磨成浓稀适中的米浆。准备一细木棒，等锅中水烧开后，将米浆徐徐倒入，边倒边用细木棒在锅中搅拌。为了不使米浆结成颗粒，木棒需在搅拌时顺着锅划出一个又一个圆圈，感觉像在写字一样。"写"米冻时必须加碱，沙县人一般使用草木灰水或竹叶灰水，这样做出来的米冻又白又嫩，几乎吃不出碱味。之后，还要再加入适量白砂糖和红糖，等糖溶化、米浆均匀时，将糖米浆倒入炊具，用文火蒸熟，起锅后冷却成块，即可装盘。这款小点吃起来甜滋滋、凉丝丝的，还有清火润喉的功效。

四、华中地区

华中地区的小吃以湖北、湖南最为著名，湖北省的三鲜豆皮、云梦鱼面、热干面等，湖南省的牛肉米粉、刮凉粉等。

武汉小吃

(1) 武汉热干面

武汉的热干面与山西的刀削面、两广的伊府面、四川的担担面、北方的炸酱面并称我国的"五大名面"。热干面是武汉的传统小吃之一。20 世纪 30 年代初期，汉口长堤街有个名叫李包的食贩，在关帝庙一带靠卖凉粉和汤面为生。有一天，天气异常炎热，不少剩面未卖完，他怕面条发馊变质，便将剩面煮熟沥干，晾在案板上。一不小心，碰倒案上的油壶，麻油泼在面条上。李包见状，无可奈何，只好将面条用油拌匀重新晾放。第二天早上，李包将拌油的熟面条放在沸水里稍烫，捞起沥干入碗，然后加上卖凉粉用的调料，弄得热气腾腾，香气四溢。人们争相购买，吃得津津有味。有人问他卖的是什么面，他脱口而出，说是“热干面”。从此他就专卖这种面，不仅人们竞相品尝，还有不少人向他拜师学艺。热干面既不同于凉面，又不同于汤面，面条事先煮熟，拌油摊晾，吃时再放在沸水里烫热，加上芝麻酱、虾米、葱花、酱萝卜丁、小麻油和醋等调料拌匀，面条筋道，黄而油润，香而鲜美，耐嚼有味。热干面的酱很浓，没有汤，需要搅拌均匀，也往往需要佐以饮料。

现在武汉三镇几乎所有小吃摊都卖热干面，汉口的“蔡林记”是热干面百年老店。

（2）三鲜豆皮

三鲜豆皮是武汉人“过早”的另一种主要食品，也是武汉民间的一种传统小吃。以前人们逢年过节时用绿豆、大米混合磨浆摊皮，包上糯米、肉丁，油煎后作为节日佳肴；后来成为寻常早点。豆皮制作过程中要求“皮薄、浆清、火功正”，这样煎出的豆皮外脆内软、油而不腻。三鲜豆皮是以馅中有鲜肉、鲜蛋、鲜虾而得名。“老通城”是坐落在汉口中山大道大智路口的一家大型酒楼的名字，以经营著名小吃三鲜豆皮驰名，有“豆皮大王”之称。这家酒楼创办于1931年，原在古汉口城堡大智门外，为城乡通道，故名通城甜食店。抗战胜利后复业，改称老通城甜食店。该店仿照湖北民间的传统小吃豆皮，锐意改进，配合甜食应市，颇受欢迎。豆皮的制法是将绿豆、大米混合磨浆，在锅里摊成薄皮，内包煮熟的糯米、肉丁等馅料，用油煎好。特级厨师高金安精益求精，以鲜肉、鲜蛋、鲜虾仁为主制作馅料，创制出三鲜豆皮，皮包金黄发亮，入口酥松嫩香，更加脍炙人口。毛泽东品尝四次，次次赞赏。外地人和外宾到武汉来都以能吃到老通城豆皮为快。

五、西南地区

重庆的红油抄手、酸辣豆花、石柱绿豆面等，四川省的担担面、毛血旺、叶儿粑等，贵州省的丝娃娃、肠旺面、魔芋锅巴肉丝等，云南省的过桥米线、滇八件、大理饵块等，西藏自治区的酥油茶、糌粑、卤下萝果等。

成都小吃

（1）龙抄手

“抄手”即北方所说的“馄饨”，在广东、广西一带叫“云吞”。“龙抄手”以其选料讲究、制作精细、香醇可口而独具特色，成为了四川小吃的一个代表。“龙抄手”创始于20世纪40年代，当时春熙路“浓花茶社”的张光武等几位伙计商量合资开一个抄手店，取店名时就谐“浓”字音，也取“龙凤呈祥”之意，定名为“龙抄手”。“龙抄手”的主要特色是：皮薄、馅嫩、汤鲜。“龙抄手”皮用的是特级面粉加少许配料，细搓慢揉，擀制成“薄如纸、细如绸”的半透明状。肉馅细嫩滑爽，香醇可口。“龙抄手”的原汤是用鸡、鸭和猪身上几个部位肉，经猛炖慢煨而成，又白又浓又香。

“龙抄手”的种类很多，有原汤、清汤、鸡汤、海味、红油等多种。特别是原汤，汤味浓郁鲜美，可以说是汤中的上品。其他汤的口味也咸淡适中，鲜香可口，都有独特的味道。龙抄手吃起来皮既薄又筋道，馅细嫩鲜美，汤味浓香，诱人食欲。

（2）陈麻婆豆腐

陈麻婆豆腐是由国家命名的一家“中华老字号”老牌名店。其创业于清朝同治元年（1862年），开业于成都北郊的万福桥。

原名陈兴盛饭铺，主厨为陈春富之妻。陈氏所烹豆腐色泽红亮，牛肉粒酥香，麻、辣、香、酥、嫩、烫、形整，极富川味特色。陈氏豆腐很快便名播遐迩，求食者趋之若鹜，文人骚客常会于此。有好事者观陈氏脸生麻痕，便戏之为"陈麻婆豆腐"，此言不胫而走，遂为美谈。饭铺因此冠为"陈麻婆豆腐店"。清朝末年，陈麻婆豆腐就被列为成都的著名食品。

陈麻婆豆腐的特色在于选料和制作的"八字真经"，即"麻、辣、烫、香、酥、嫩、鲜、活"八字。

麻是指豆腐起锅时洒上的花椒末，花椒是麻味纯正、沁人心脾的汉源贡椒。

辣是指选用龙潭寺的大红袍油椒制作的豆瓣酱，又辣又香。

烫是指起锅立即上桌，油多保温，不易冷却，烫得可口，热得汗流。

四川麻婆豆腐

香是指豆腐上桌闻不到制作豆腐的卤水味、冷浸豆腐的水锈味及各色佐料原有的气味，香气袭人。

酥是指牛肉酥香，色泽金黄，红酥不板，入口即酥，沾牙就化。

嫩是指豆腐煎氽得法，色白如玉，棱角分明，一捻就碎，故食客用小勺食之。

鲜是指全菜原料，俱皆新鲜，鲜嫩翠绿，红白相间，色味俱鲜。

活是陈麻婆川菜馆店的一项绝技。豆腐上桌，寸长的蒜苗，翠绿湛蓝，仿佛刚从地里采摘回来。

昆明小吃——过桥米线

云南的过桥米线已有一百多年的历史，它的起源也有一个美丽动人的故事。过桥米线最初起源于滇南的蒙自县城。相传在城外有一个南湖（现在犹存），湖水清澈如碧，湖畔垂柳成行。湖心有个小岛，岛上不仅有亭台楼阁，而且翠竹成林，古木参天，景色优美幽静，空气清新宜人，是附近学子们攻读诗书的好地方。有个书生到湖心的小岛去读书备考，但因为埋头用功，常常忘记吃妻子送去的饭菜，等到吃的时候往往又凉了。由于饮食不正常，天长日久，身体日见消瘦，妻子十分心疼。有一次，妻子杀了一只肥母鸡，用砂锅熬好后送去，很长时间仍然温热，便用当地人喜欢吃的米线和其他佐料放入，味道很鲜美，书生也喜欢吃，贤惠的妻子就常常仿此做好送去。后来，书生金榜题名，但他念念不忘妻子的盛情，戏说是吃了妻子送的鸡汤米线才考中的。因为他妻子送米线到岛上要经过一道曲径小桥，书生便把这种做法的米线叫做“过桥米线”，此事一时传为美谈。人们纷纷仿照书生妻的做法吃米线，过桥米线从此流传开来。经过后人的加工改进，过桥米线越做越好，越传越远。

六、西北地区

陕西省的凉皮、石子馍、葫芦头泡馍等，甘肃省的兰州牛肉拉面、千层牛肉饼、灰豆子等，青海省的烤羊肉、酿皮、甜醅等，宁夏回族自治区的银川烩羊杂碎、炒糊饽等，新疆维吾尔自治区的烤羊肉串、米肠面肺、馕等。

西安小吃

（1）葫芦头泡馍

“葫芦头泡馍”，是西安特有的传统风味佳肴。西安葫芦头泡馍馆很多，尤以“春发生”饭店为正宗。它的泡馍味醇汤浓，鲜香可口，馍筋肉嫩，肥而不腻，名闻遐迩，享誉中外。

“春发生”葫芦头泡馍历史悠久，最早为唐代京城美食，至今仍是西安城内有名的风味食品。今天的葫芦头泡馍，是在唐代“葫芦头”的基础上，经过历代名厨不断改进工艺，发展演变而来的。葫芦头泡馍之所以脍炙人口，与它精细的烹制工艺和多种调料的合理使用是分不开的。其烹制工艺主要有处理肠肚、熬汤、泡馍三道程序。肠肚要经过挪、捋、刮、翻、摘、回翻、漂、再捋、煮、晾等十余道工序。熬汤是将猪骨洗净、砸断，配肥母鸡、鲜牛肉、鲜大肉、北京鸭下汤锅烧开，撇去浮沫，放入调料包，直熬成乳白色。泡馍是由进食者先将馍在碗里掰成碎块，然后由厨师将切成坡刀形的肠肚及猪肉、鸡肉，摆放在馍块上，加适量粉丝，用沸汤浇泡 3 ~4 次，使热汤渗透馍块；然后再加适量熟大油、调料水、味精、香菜、蒜苗、油泼辣子，最后浇适量沸汤即成。进食时，佐以糖蒜、泡菜、辣子酱等，更是清爽利口，难怪西安人夸奖葫芦头的美味说：“提起葫芦头，嘴角涎水流。”

如今，“春发生”葫芦头泡馍馆，已改为“春发生”饭店，品种发展到海味葫芦头、鱿鱼葫芦头、鸡片葫芦头、大肉葫芦头、时鲜葫芦头、特制葫芦头、双宝葫芦头、砂锅葫芦头、火锅葫芦头等，形成了一套葫芦头系列品种。

（2）羊肉泡馍

羊肉泡馍用上好的羊肉，精滑的粉丝，翠绿的香菜、蒜苗，浇上羊汤，配以馍，是西安人早餐的首选。

羊肉泡馍和葫芦头泡馍看上去差不多，其实区别很大。羊肉泡馍的馍叫“饦饦馍”，俗称“九死一生”，即90%的白面和10%的发酵面混合制成。做馍时，面团不能太软，揉至筋光韧滑，做成小圆饼进鏊翻烤。而葫芦头泡馍用的馍是“七死三活”，就是70%的死面和30%的发面做成，比羊肉泡馍略微松软一些。

掰羊肉泡馍比较费劲，要掰得越小越好，羊肉汤的味道才能够进去，手艺生的，一张馍掰下来，手指发酸。葫芦头的馍掰起来省劲些，掰这种馍的工序是一分为二，二分为四，掰成指甲盖大小。馍不能掰得太小，因为含有发面，块太小，汤一泡就开，没有筋道的口感了。在制作的时候，羊肉泡馍和葫芦头也大不相同。因为面硬，羊肉泡馍是要下锅煮的；而葫芦头则是用沸汤一遍遍地浇透。

贾平凹在《陕西小吃小识录》中描写“羊肉泡馍”说：

骨，羊骨，全羊骨，置清水锅里大火炖煮，两时后起浮沫，撇之遗净。放旧调料袋提味，下肉块，换新调料袋加味。以肉板压实加盖。后，武火烧溢，嘭嘭作响，再后，文火炖之，人可熄灯入睡。一觉醒来，满屋醇香，起看肉烂汤浓，其色如奶。此羊肉制法。

十分之九面粉，十分之一酵面。掺和，搅匀，揉到。做馍坯二两一个……下鏊烘烤，可悠悠温酒，酒未热，则开鏊，取之平放手心，在上搔，手心则感应发痒，此馍饼制法。食客，出钱并非饭来张口，净手掰馍，碎如蜂。一是体验手工艺之趣，二是会朋友谈艺文叙家常拉生意，馍掰如何，大、小、粗、细，足可见食者性情；烹饪师按其馍形，分口汤、干泡、水围城、单走诸法烹制，且以馍定汤，以汤调料，武火急煮，适时装碗。烹饪十年，身在操作室，便知每一进餐人音容笑貌，妙绝比柳庄麻衣相师有过之而无不及。

西安五味巷有一翁，高寿七十。二十年前起，每日来餐一次，馍掰碎后等候烹饪，又买三馍掰碎，食过一碗，将掰碎的馍带回。明日，将碎馍烹饪，又买新馍掰。如此反复，不曾中断。临终，死于掰馍时，家人将碎馍放头侧入棺。

(3) 石子馍

被誉为中国“食品活化石”的石子馍，又叫干馍、石头馍，在美丽富饶的八百里秦川，是一种深受城乡民众喜爱的古老食品。石子馍的制作方法和远古新石器时代“燔黍”的方法很相像。远古先民用火“燔黍，以黍米加于烧石之上，燔之使熟也”。也就是说把黍米放在石板上，下面用火烤石板，把黍米烤熟。可见现代的石子馍，具有明显的石器时代“石烹”遗风，可谓古风犹存。在唐代，东府同州（今陕西省大荔县）把石子馍称为“石鏊饼”，作为朝廷贡品。

石子馍是陕西一种古老的食品，集香、黄、酥、脆为一体，味美可口。石子馍的制作是将洗净的石头子儿烧得火热，面糊洒上香油揉好面后，平摊在烧热的干净卵石上，在上面再压上另一层火热的卵石，烤几分钟，一只脆香的石头馍就好了。由于石子馍是铺在石子面上烤出来的，而石头凹凸不平，所以烤好的石子馍上也会有一个个凹凸不平的痕迹，吃起来有点咸味。

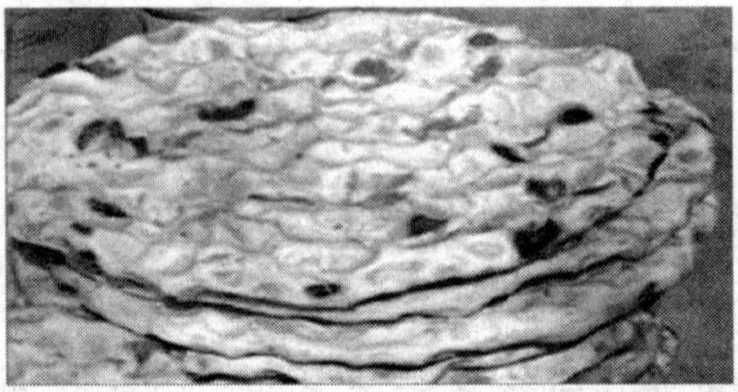

西安石子馍

（4）黄桂柿子饼

西安黄桂柿子饼是一种用柿子和面制成的风味食品，其色泽金黄，芳香可口。西安黄桂柿子饼，是用临潼县产的“火晶柿子”为原料制作成的。这种柿子的特点是果皮、果肉橙红色或鲜红色，果实小，果粉多，无核，肉质致密，多汁，品质极好。黄桂柿子饼的做法和南瓜饼的制作方法很接近，其具体方法如下：

将猪板油切成小方丁。把青红丝、核桃仁切碎，取面粉250克与黄桂酱、玫瑰酱搅拌均匀，再加入板油丁、白糖，用力揉搓，当各种物料掺和出现黏性时，即成糖馅。

将面粉1千克堆放在案板上，中间挖个坑。柿子去蒂揭皮后，放在面粉坑里，先剁成糊，再用手将面粉与柿子和匀，搓成软面团，再陆续加入面粉500克，揉搓成较硬的面团。把剩下的面粉撒在面团周围，即成柿子面。

取柿子面剂一块（约50克），拍平，包入15克糖馅，制成柿子饼坯（2千克面粉可做饼40个）。

将平底锅烧热，在锅底倒入菜籽油50克，将饼坯平放锅底。用铁铲翻转，轻轻压一下，烤5分钟~6分钟，底面发黄时，再翻转，加菜籽油25克，烙5分钟。待两面颜色均匀，就做好了。

兰州小吃

（1）酿皮（凉皮）

酿皮，有的地方也叫凉皮。黄灿灿、油润润的酿皮加上拌入其中的乳白色柔软的面精，融入辣椒内的调料就有大料、芝麻酱、香油等，再调入蒜、醋、盐、酱油、芥末、味精等，麻、辣、酸、香俱全。

酿皮的具体做法是：首先用冷水调好面，将面揉均匀之后，再放进盆中用冷水浸泡十分钟左右，然后用手进行搓洗，搓洗净淀粉后所剩的那块弹性极好又光滑细腻的面团，称之为面筋。取出来，用专用毛巾蘸干面精上的水渍后，放进笼锅蒸四十分钟左右，面精即成。而洗在盆中的面水在沉淀三小时之后，将上面的水倒掉，换上清水，放入食碱，搅拌均匀后舀入酿皮锅蒸煮，每一锅酿皮五分钟左右便可蒸好。

（2）灰豆子

灰豆子是用麻色豌豆制成的独特食品。其方法是先将圆豆子洗净，在铁锅中熬至半熟，再加水入锅中，置食用碱、红枣等调料，小火煮成稀糊，吃时加入白糖，别具风味，备受老少欢迎。兰州杜维成师傅继承灰豆名家马有创制的灰豆子制作技艺，制作的灰豆汤风味独特，1989 年被甘肃省商业厅授予“金城灰豆王”称号。杜维成灰豆汤豆绵汤糊，枣甜味香，富含营养，价格便宜，闻名金城，夏日冷饮可以祛暑，冬日热食可以滋补。

七、华南地区

广东省的叉烧、龟苓膏、及第粥等，广西壮族自治区的吉列粟子卷、牛肉丸、桂林米粉等，海南省的鸡屎藤粑仔、和乐蟹、海南椰子盅等。

广东人特别讲究养生，龟苓膏清热解毒，所以吃甜品不能够没有龟苓膏，最好是加着甜甜红豆沙的龟苓膏。豆沙粗甜，龟苓滑苦，相得益彰。

广州小吃

（1）艇仔粥

艇仔粥，原来由珠江水上人家用小船（广州人称艇）在荔枝湾河面经营。粥中杂以鱼片、炸花生等，所以此品是由“鱼生粥”演变而来。现在珠江河面的渔家已迁至岸上，艇仔粥也自小艇而进入大酒家、宾馆，人们在任何时候都可以品尝到这种广州特有的粥品。艇仔粥以鲍鱼作配料，增加了浮皮、花生、蛋丝、葱花等，吃前当即煮粥滚制，芳香扑鼻，热气腾腾，十分鲜甜。

（2）和味牛杂

和味牛杂，须带一点肥的方够味，以往的广州，街头巷口，常有卖这种和味牛杂萝卜的小车。来到“周记”，只有和味牛杂没有萝卜，带有微辣或重辣的酱汁，边吃边擦汗，可谓乐趣横生。“和味牛杂萝卜”据说是清光绪年间一个居住在光塔寺附近的回族厨师发明的。他用牛肠、牛膀、牛肺、萝卜加上花椒、八角等五种佐料的酱汁慢火炆好几个小时，等牛杂炆透了，而萝卜又吸入了牛杂味的酱汁后，再剪开小块，用竹签串着蘸辣椒酱吃，称为和味牛杂萝卜，入口回味无穷。

桂林小吃

（1）桂林米粉

桂林米粉在历史上就独享盛名。其特点不在米粉本身，而在调料和配菜的讲究。配菜是将卤好的猪肉、牛肉、马肉等过油稍炸，使其甘香韧脆；调料则是肉类卤后的汤加上数十种中药、香料熬制所得的卤水。一碗热腾腾的米粉，铺上一层卤菜，加些酥脆的黄豆或花生米，撒点葱花、香菜，淋上熟油、卤汁，端上来香气四溢，鲜美可人。所以，卤菜甘香和卤水鲜美才是桂林米粉的特色。

桂林米粉

马肉米粉在桂林独树一帜，其名气比卤味米粉更加响亮，吃法也更特殊。马肉米粉以马骨和马肉熬汤至极浓，呈乳白色，再用盖碗茶杯大小的碗，烫好只够成年人吃一口的米粉，上铺熟马肉和腊马肉各三几片，撒上香菜、加上一瓢滚热的汤。吃马肉米粉，先一口米粉下肚，再喝两口热汤，嘴里咀嚼香甜的马肉，第二碗立即又端了上来，味鲜滚热，甚得人们的推崇和爱好。一般食二十碗很平常，能吃的人吃上三五十碗，也不算稀奇。如今桂林马肉米粉店仅存一两家，但已改成大碗盛粉了。

（2）桂林马蹄糕

马蹄糕主料为大米粉，把米粉装入状如马蹄的木模，用黄糖粉、马蹄粉或芝麻粉包心，猛火蒸熟，取出即可食用。其制作简便，吃来香味扑鼻，松软可口。一般多为个体摊担现做现卖，散见于各处街头巷口。来往行人，即购即吃，十分方便。

八、港澳台地区

香港的糖水虫草鸽、车仔面等，澳门的鲜果捞、滑豆腐、辣牛杂等，台湾的酸梅汤、口酥饼、凤梨虱目鱼等。

台湾小吃——度小月担仔面

有人说，没有吃到担仔面就不算真正吃过台湾小吃，而最好的担仔面就是度小月担仔面。初听这个名字，我们都会以为这度小月一定是担仔面的创始人，其实担仔面是一百多年前由一个叫洪芋头的人开始做的。当初洪芋头打鱼为生，每年的清明到中秋间是打鱼的淡季，生意人称为“小月”。为了度过这清淡的小月，洪芋头就用从福建漳州某师傅学来的肉臊做法，用“担子”挑着沿街叫卖，后来固定在水仙庙前，生意逐日兴隆，“度小月担仔面”的名气因而传开。

担仔面最初只是台南渔民补贴捕鱼淡季的收入，在街边贩卖的汤面，现已成为台南小吃的象征。面条弹力十足，配料也非常新鲜，据闻汤底用猪骨及虾壳熬了五个小时以上，汤头也很足。

香港小吃——虫草鸽

虫草鸽是香港有名的小吃。其制作方法是将大白鸽宰杀后开膛洗净，放入炖盅，加入老姜、陈皮、黄酒，注下八成满滚水，盖上盖，放到滚水锅内，隔水文火（水沸后）蒸3小时~4小时，吃时加盐及葱、姜、蒜等调料。味甘美，对肺、肝、肾有补益作用，适合体质羸弱者食，连吃3次~5次，有明显的效果。

小吃是民间饮食文化丰富性的一个代表，具有古色古香的地域风格，而且许多小吃都有一段动人的趣闻或故事。当我们每到一处地方，一边品尝着美味的各色小吃，一边听听那些关于某种小吃的趣闻或故事，是一件非常有趣的人生快事。不过有一点要特别指出的是，现在全国的地方小吃有许多已经离开其土生土长的家乡，而去外地经营。这个时候，地方小吃的风味就会发生一些细微的变化，如食物原料有时候就是在新的地方就地取材，而且会适应新的地方的需要进行本土化的改变。像沙县小吃以前只有福建有，现在全国都可以见到。兰州拉面、重庆麻辣烫也是这样。往往在一个新的地方会有一些新的变化，如酿皮、麻辣烫本来很辣，但在新的地方往往会根据新食客的需要，不再放太多的辣椒。

中国地方著名招牌菜

我们去各地旅游，除了观赏风景、购买特产之外，最爱做的一件事就是吃遍各地美食了。吃了特色小吃之后，当然就是品尝各地的招牌菜了。

招牌菜名闻遐迩，常是一座城市靓丽的名片。人们提起某个城市总会说到这个城市的招牌菜，因为招牌菜打磨的时间很长，工艺相当精湛，技术含金量甚高，味道纯正，能强烈地诱发人们的食欲。招牌菜其他地区不易模仿，即便模仿出来也不能体现其精髓。所以当你看到某个招牌菜的店内人声鼎沸，往来的人络绎不绝，千万不要因为人多而犹豫，马上去排队吧，不然你就错过了享受美食的大好机会了。

许多招牌菜会有情趣盎然的掌故传闻。接下来就列举七道地方招牌菜。

一、夫妻肺片

“夫妻肺片”是成都地区人人皆知的一款地方名菜。相传在20世纪30年代，成都少城附近，有一男子名郭朝华，与其妻一道以制售凉拌牛肺片为业。他们夫妻俩亲自操作，走街串巷，提篮叫卖。由于他们经营的凉拌肺片制作精细，风味独特，深受人们喜爱。为区别一般肺片摊店，人们称他们为“夫妻肺片”。设店经营后，在用料上更为讲究，以牛肉、牛心、牛舌、牛肚等取代最初单一的牛肺，质量日益提高。为了保持此菜的原有风味，“夫妻肺片”之名一直沿用至今。

二、宫保鸡丁

现在大大小小的中餐馆中，“宫保鸡丁”这道菜可谓司空见惯。至于有些菜单上写成了“宫爆鸡丁”，是有人认为烹制方法为“爆炒”。其实这是一种误解，没有弄清楚“宫保鸡丁”的由来。

“宫保鸡丁”的发明人是丁宝桢。据《清史稿》记载，丁宝桢，字稚璜，贵州平远人，咸丰三年进士，光绪二年任四川总督。据传，丁宝桢对烹饪颇有研究，喜欢吃鸡和花生米，并尤其喜好辣味。他在四川总督任上的时候创制了一道将鸡丁、红辣椒、花生米下锅爆炒而成的美味佳肴。这道美味本来只是丁家的家庭菜，但后来越传越广，尽人皆知。但是知道它为什么被命名为“宫保”的人就不多了。

所谓“宫保”，其实是丁宝桢的荣誉官衔。据《中国历代职官词典》的解释，明清两代许多官员都有“虚衔”。最高级的虚衔有“太师、少师、太傅、少傅、太保、少保、太子太师、太子少师、太子太傅、太子少傅、太子太保、太子少保”。上面几个都是封给朝中重臣的虚衔，没有实际的权力，有的还是死后追赠的，通称为“宫衔”。在咸丰以后，这几个虚衔不再用“某某师”而多用“某某保”，所以这些最高级的虚衔又有了一个别称——“宫保”。丁宝桢治蜀十年，为官刚正不阿，多有建树，于光绪十一年死在任上。清廷为了表彰他的功绩，追赠“太子太保”。如上文所说，“太子太保”是“宫保”之一，于是他发明的菜由此得名“宫保鸡丁”。当然“鸡丁”和丁宝桢的丁姓倒是没有联系。

宫保鸡丁

后来以讹传讹，“宫保鸡丁”就变成了“宫爆鸡丁”，这也算是历史的将错就错了。“宫爆”这个名词一看就是有问题的，难道这个菜是在宫廷里爆炒而成的？不过，现在大家都说是“宫爆鸡丁”，反而很少有人关注其真相了。

三、道口烧鸡

道口镇素称烧鸡之乡。道口烧鸡肥而不腻，色鲜味美，食用勿需刀，用手一抖，骨肉自行分离。无论冷热，均余香满口。

道口烧鸡已有三百多年的历史了，创始人叫张炳。他在道口镇大集街开了个小烧鸡店，因制作不得法，生意萧条。有一天，一位曾在清宫御膳房当过御厨的老朋友来访，他身怀绝技。两人久别重逢，对饮畅谈。张炳向他求教，那朋友便告诉他一个秘方："要想烧鸡香，八料加老汤。"八料就是陈皮、肉桂、豆蔻、良姜、丁香、砂仁、草果和白芷八种佐料；老汤就是煮鸡的陈汤。每煮一锅鸡，必须加上头锅的老汤，如此沿袭，越老越好。张炳如法炮制，做出的鸡果然香。从此，生意兴旺，张炳把他的烧鸡店定名为"义兴张"。

"义兴张"的牌子打出以后，张炳反复实践，在选鸡、宰杀、撑型、烹煮、用汤、火候等方面，摸索出一套经验。他选鸡严格，要选两年以内的嫩鸡，以保证鸡肉质量。挑来的鸡，要留一段候宰时间，让鸡消除紧张状态，恢复正常的生理机能，有利于杀鸡时充分放血，也不影响鸡的颜色。配料、烹煮是最关键的工序。将炸好的鸡放在锅里，兑上老汤，配好佐料，用武火煮沸，再用文火慢煮。烧鸡的造型更是独具匠心，鸡体开剖后，用一段高粱秆把鸡撑开，形成两头尖尖的半圆形，别致美观。"义兴张"开业已近三百年了，张炳的烧鸡技术历代相传，始终保持独特的风味，其色、香、味、烂被称为"四绝"。

四、全聚德烤鸭

全聚德烤鸭名扬海外，"不到长城非好汉，不吃烤鸭真遗憾"。这是对北京全聚德烤鸭的赞美。清咸丰初年，河北人杨寿山到北京，开始做鸡鸭的买卖。有一定积蓄后，就把前门大街卖干鲜果品的店铺"德聚全"给盘了过来，听从风水先生的话将店名倒过来改为"全聚德"。当时米市胡同的便宜坊买卖很兴隆，焖炉烤鸭供不应求。经过杨寿山同伙计的多次试验，挂炉烤鸭终于成功了，其色香味都不次于焖炉烤鸭。

烤鸭是全聚德的主要经营品种，从选鸭、填喂、宰杀，到烧烤，都是一丝不苟的。全聚德选的北京填鸭讲究养不足百天，体重在 2.5 千克以上，才能宰杀。宰杀褪毛后，在鸭子的右膀下挖个小洞，从这个小洞，伸进二指，把鸭子的内脏取出，然后用净水把鸭子里外洗净，用嘴把鸭皮吹鼓，用一节秫秸插进鸭尾部，再从鸭膀下的洞灌入清水，用丝线将洞口缝上。一切停当后，才将鸭子挂在钩上入炉烤。这样，外烤，内煮，鸭子烤好出炉，外皮呈油黄。人吃进口中，鸭肉鲜嫩，肥而不腻，味美香甜，常吃不厌。

全聚德烤鸭现场切片

浙江农史专家游修龄先生在题为《全聚德烤鸭的回忆》一文中记载了 1955 年在北京全聚德吃烤鸭的经历，十分珍贵。文章说：

记得当年的全聚德店门是老式不大的台阶门，门前垂着布帘，两名男服务员站在门口，见我们走上台阶，他们一边掀门帘，一边叫声“迎客”，里面出来一位服务员，礼貌地招呼我们：“您几位请跟我来。”他把我们带进一间小单房，请我们坐下后，立即泡上五杯热茶。知道我们是专门来吃烤鸭的，他就领来一位厨师，手里拎着一只雪白、活的北京鸭，让我们看一下，问大小是否合适，因为是根据人数和按重量计价的。我们表示很好，他说声“请稍候”，就把鸭子拿走了。

我们边喝茶，边谈天，大约过了二十来分钟，一只焦黄、油光发亮的烤鸭已经放在盘子里，端到我们面前。就是刚才这位厨师，他拿起白晃晃的菜刀，当着我们的面，将鸭子身上的肉一片一片削了下来，刀法是如此的娴熟快速，一会儿，把整只鸭子削得只剩下一个骨架子。这是未吃之前，让我们欣赏这种手艺表演，真是叹为观止。接下来，我们便开始品尝……到吃得差不多的时候，又上来一碗浓汤，经介绍，才知道就是刚才那副鸭骨做成的“鸭架汤”，味道也很不错。吃毕，我们还参观了店面后的加工现场，只见一个炉火通红的砖砌烤炉，里面挂着正在烤的鸭子，厨师手拿铁叉，间歇地用叉子把悬挂着的鸭子轮流转换位置或方向，使受热均匀。这样，这个烤鸭的全过程也算亲眼目睹了。

参观毕，服务员还送我们到店门口，原先站在门口的两位服务员一边为我们掀起门帘，一边招呼：“您走好！”气氛很是诚恳、朴素和礼貌，令人深记难忘。

五、东坡肉

宋朝苏东坡是唐宋散文八大家之一，书法与绘画也都有很高的造诣。就是在烹调艺术上，他也有一手。当他触犯皇帝被贬到黄州时，常常亲自烧菜与友人品味。苏东坡的烹调，以红烧肉最为拿手。他曾做诗介绍他的烹调经验是："慢着火，少著水，火候足时它自美。"不过，烧制出被人们用他的名字命名的"东坡肉"，据传那还是他第二次回杭州做地方官时发生的一件趣事。

那时西湖已被葑草湮没了大半。他上任后，发动数万民工除葑田，疏湖港，把挖起来的泥堆筑了长堤，并建桥以畅通湖水，使西湖秀容重现，又可蓄水灌田。这条堆筑的长堤，改善了环境，既为群众带来水利之益，又增添了西湖景色后来形成了被列为西湖十景之首的"苏堤春晓"。

当时，老百姓赞颂苏东坡为地方办了这件好事，听说他喜欢吃红烧肉，到了春节，都不约而同地给他送猪肉，来表示自己的心意。苏东坡收到那么多的猪肉，觉得应该同数万疏浚西湖的民工共享才对，就叫家人把肉切成方块，用他的烹调方法烧制，连酒一起，按照民工花名册分送到每家每户。他的家人在烧制时，把"连酒一起送"领会成"连酒一起烧"，结果烧制出来的红烧肉，更加香酥味美，食者盛赞苏东坡送来的肉烧法别致，可口好吃。众口赞扬，趣闻传开，当时向苏东坡求师就教的人中，除了来学书法的、学写文章的外，也有人来学烧"东坡肉"的。楼外楼菜馆效法他的方法烹制这个菜，供应于世，并在实践中不断改进，遂流传至今。

六、西湖莼菜

莼菜是一种多年生、名贵的水产蔬菜，主要产地在我国杭州西湖周围。西湖莼菜历史悠久，是珍贵的营养佳肴。一千六百多年前，我国东晋就有"莼羹鲈脍"的记载，其食用部分是生长在水中的芽、卷叶。莼菜还有很高的药用价值，明朝李时珍在《本草纲目》中记述："莼菜消渴热脾，和鲫鱼做羹食，下气，止呕，治热疸，厚肠胃，解百毒。"

西湖的莼菜，又名马蹄草、水莲叶，很早以前就是我国的一种珍贵水生植物。莼菜不仅味道清香，营养也很丰富。它的嫩茎、嫩芽、卷叶周围都有白色透明的胶状物，含有较高的胶质和其他成分。据测定，每100克鲜莼菜含蛋白质900毫克、糖分230毫克以及较多的维生素C和少量铁质。西湖莼菜汤又称鸡火莼菜汤，是杭州的传统名菜，用西湖莼菜、火腿丝、鸡脯丝烹制而成。此汤，莼菜翠绿，火腿绯红，鸡脯雪白，色泽鲜艳，滑嫩清香，营养丰富。

在湖面上采摘西湖莼菜

《晋书·文苑传》记载：张翰有清才，善属文，齐王冏辟为大司马东曹掾，因见秋风起，乃思吴中菰菜莼羹鲈鱼脍，曰：

“人生贵得志，何能羁宦数千里，以要名爵乎?”遂命驾而归。张翰为思家乡之美味，便辞官回乡了。自此之后莼菜便成为游子思乡、回归自然的代名词。《西湖游览志》记载：“莼产西湖。自春徂夏，取之不竭。今湖上各酒家，皆有制汤供饮，值亦不昂。”《四时幽赏录》也有一段湖心亭采莼的文字：“旧闻莼生越之湘湖。初夏思莼，每每往彼采食。今西湖三塔基旁，莼生既多且美。”

相传清乾隆皇帝巡视江南，每到杭州都必须以莼菜进餐。而把莼菜与松江鲈鱼并提的“莼羹鲈脍”之说，则引出了“莼鲈之思”这个表达思乡之情的成语。烹制莼菜也很讲究。以西湖莼菜汤为例，先将鲜莼菜放入煮沸的水中一汆，迅速捞出，放入汤碗中，然后把鸡肉、火腿原汤和盐一起放在锅内烧开，加入味精，浇在菜上，再撒上鸡丝、火腿丝。汤中莼菜翠绿，鸡肉鲜白，火腿鲜红，色彩鲜艳，味道清香。

西湖莼菜一般分“西湖莼菜汤”和“莼菜羹”两种，汤清凉爽口，羹润滑鲜美，各有风味。

七、福州佛跳墙

佛跳墙这道菜，相传源于清道光年间，距今有两百多年历史。此菜以十八种主料、十多种辅料互为融合。其原料有鸡鸭、猪肚、蹄尖、蹄筋、火腿、鸡鸭肫；有鱼翅、海参、鲍鱼、干贝、鱼高肚，也有鸽蛋、香菇、笋尖、竹蛏等，共三十多种原料与辅料，分别加工调制而成。

关于这道菜的创始，说法颇多。其中一种是说福建风俗中有一个规矩叫“试厨”。按这个规矩，新婚媳妇第一天上门，第二天回门，第三天须到夫家在大庭广众面前试厨，这是对新媳妇治家本领的测试。相传有一个从小娇惯的女子，不会做菜。出嫁前因此而为即将到来的试厨发愁。母亲为女儿想尽了办法，最后把家藏之山珍海味都翻找出来，一一配制后用荷叶装成小包，反复叮嘱女儿各种原料的烹制方法。谁知这位新娘到了试厨前一天，慌乱中忘记各种烹调方法。她到了晚上才到厨房，把母亲包好的各种原料一包包解开，堆了一桌无从下手。正在无计可施之际，又听公婆要进厨房。新媳妇怕公婆挑剔，见桌边有个酒坛，匆忙中将所带的原料都装入坛内，用包原料的荷叶包住了坛口，又把这酒坛放在了快灭火的灶上。想想明天要试厨，新媳妇生怕自己无法应付，就悄悄溜回了娘家。第二天，宾客都到了，却不见了新媳妇。公婆进厨房，发现灶上有个酒坛，还是热的。刚把盖掀开，就浓香四溢，宾客们闻到香味都齐声叫好。传说如此美味，引得“佛闻跳墙来”，连清心寡欲的佛都跳墙来食，这就成了“佛跳墙”。

第八章

饮食习俗的演变与生活方式的变化

日常饮食生活中的科学

中国人的饮食方式逐渐在从“吃美味”向“吃营养”转变，这个转变过程就是现代科学力量在传统饮食中的体现。日常饮食生活中的科学在一日两餐制变成一日三餐制中也可以看出来。

在先秦时期，一般的庶民阶层是一日两餐的，以适应“日出而作，日落而息”的农业生活习惯，这与当时的食源不充足是相适应的。早餐吃得多，因为要应付繁重的农业生产劳动，称为“大食”；下午三四点再吃一顿，因为就要天黑了，不能再去劳动，所以吃得少些，称为“小食”。山西不少地区在解放后还保持着这种食制。不过，由于地区不一，季节不同，亦有差别。北部居民一向遵循“夏秋日食三餐，冬春日食两餐”的传统食制。《山西通志》有“天镇诸地，冬春坐食，一日两餐”的记载，讲的就是这种食制。只有夏秋两季，因忙于农事，才改为三餐。而晋南和晋东南一些地方，民间则有一日吃四五顿饭的习惯。农忙季节，许多农村都习惯往地头送饭，或带干粮在地头休息时进食，民间俗称“打尖”（或当为“打间”，谓其介于两正餐之间）。贵州黔东南榕江县苗族到现在也还是两餐制的。笔者曾在2000年前后多次去榕江县计划乡加去村调查当地苗族的鼓藏祭祖节，亲眼看到当地的民众就是一日两餐的。当地苗民早上起来并不吃早饭，而是去田里干活，干活一两个小时以后，再回来吃早餐，早饭大约在上午八九点左右。下午五六点钟才开始吃第二餐饭。中午去远的地方干活时，会带一点干粮，但不是正餐。

彝族也一直盛行一日两餐制。一般彝村，人们天明即出早工，九时左右歇工吃第一餐，十时左右食毕。休息一会又出午工，天黑才吃第二餐。农忙活重时节，正餐之间要有间餐，即把粑粑、馍馍、洋芋等食物带到田地，随时加餐。

但在春秋前后，上层社会和贵族士人当中却实行三餐制。从一天餐数的多少也可以看出饮食中的社会阶层差异，平民往往只能一日两餐，而贵族却是一日三餐。三国时期的农业生产力已有了较大的发展，北方除了部分低生活水平的民众还实行两餐制外，一般是一日三餐，但吃的时间和现代有所不同。第一餐为朝食，也就是早食，一般在天色微明以后；第二餐为昼食，在上下午交替之时；第三餐为飧食，在下午3～5时。

没有任何证据可以证明一日两餐的科学性，相反倒是有证据可以证明一日两餐的许多负面因素。比如一次吃的食物太多，使胃肠负担加重，影响消化；就餐时间相隔太久，容易引起低血糖，但是在长久不吃东西后，突然又大量摄取食物，血糖升高又会过快，血糖浓度波动幅度很大对人体危害性是很大的，特别是对大脑记忆力方面。而在就餐时如果吃饭太少，又容易造成营养不良。

而在当代，一个奇怪的现象出现了，许多年轻人由于晚上熬夜玩电脑，于是起得很晚，就不吃早餐，事实上形成了当代的“两餐制”。这对身体的负面影响非常大，最大问题是血糖降低，记忆力下降，工作效率很低。另外，还有研究表明，不吃早餐可能会造成胆结石发病率升高。还有研究发现，一个人早晨起床后不吃早餐，血液黏度就会增高，且流动缓慢，天长日久，对心脏的健康也会造成影响。

人吃饭不只是为了填饱肚子或是解馋，主要是为了保证身体的正常发育和健康。实验证明：每日三餐，食物中的蛋白质消化吸收率为85%；如改为每日两餐，每餐各吃全天食物量的一半，则蛋白质消化吸收率仅为75%。因此，按照我国人民的生活习惯，一般来说，每日三餐还是比较合理的。

营养专家认为，早餐是一天中最重要的一顿饭，每天吃一顿好的早餐，可使人长寿。早餐要吃好，是指早餐应吃一些营养价值高、少而精的食物。因为人经过一夜的睡眠，头一天晚上进食的营养已基本耗完，早上只有及时地补充营养，才能满足上午工作、劳动和学习的需要。早餐在设计上应选择易消化、吸收，纤维质高的食物，如此将成为一天精力的主要来源。

俗话说：“中午饱，一天饱。”说明午餐是一日中主要的一餐。由于上午体内热能消耗较大，午后还要继续工作和学习，因此，不同年龄、不同体力的人午餐热量应占他们每天所需总热量的40%。主食根据三餐食量配比，应在150克~200克左右，可在米饭、面制品（馒头、面条、大饼、玉米面发糕等）中间任意选择。副食在240克～360克左右，以满足人体对无机盐和维生素的需要。副食种类的选择很广泛，如肉、蛋、奶、禽类、豆制品类、海产品、蔬菜类等，按照科学配餐的原则挑选几种，相互搭配食用。中午要吃饱，不等于要暴食，一般吃到八九分饱就可以。

晚餐须吃少，晚餐接近睡眠时间，不宜吃得太饱，尤其要少吃宵夜。晚餐应选择含纤维和碳水化合物多的食物。但是一般家庭，晚餐是全家三餐中唯一的大家相聚共享天伦的一餐，所以对多数家庭來说，這一餐大家都做得非常丰富。这种做法和健康理念有些违背，因此在餐前半小时应有蔬菜或是水果的供应。主食与副食的量都可适量减少，以便到睡觉时正好是空腹状态。

不少人以为“一天三顿只吃水果，修身养颜一举两得”，其实这是错误的。从营养学角度来说，人体有多种基本营养需求——碳水化合物、矿物质、蛋白质等，都不是单靠吃水果能够满足的，长期靠“水果化”生存，对人体的内分泌系统、消化系统、免疫系统等都将产生不利影响。大部分水果糖分充足，长期大量摄入，同样难以获得减脂效果。

前面说的是一日两餐与一日三餐的区别，除了餐制以外，日常饮食中的饮食方式也十分重要，不科学的饮食方式会使身体素质下降。民间有一些地区的饮食习惯则值得我们学习和模仿，因为其独特的饮食方式富有科学精神。如山西民间百姓有爱吃醋的习惯，这有其科学因素在内。山西民间饭菜中用醋量很大，这种饮食习惯是众所周知的。所以有一句谚语说：“阎锡山的兵，缴枪不缴醋葫芦。”说的就是这个山西人的饮食习惯。爱吃醋同当地的水土特征、自然气候和多数人以杂粮为主的生活条件有着直接关系。这可从科学角度进行分析。山西“水硬”，即碱性强，加上晋人以杂粮为主，如高粱等，都是不大好消化的，需靠醋来中和、助消化。一个土生土长的山西人，从能吃饭开始算起，一直到他去世那一天，最少也得吃掉100多千克醋。难怪外地人戏称山西人为“老醯”。山西人无论吃面条类食物，还是包馅类食物，或者烹调菜肴，都离不了醋。只要看一下普通农家餐桌上必备的醋具，如瓶、盆、壶、碗之类，就知醋在晋人的饮食中的作用了。山区居民还有以腌酸菜汤代醋的习惯。用这种酸汤调和的饭菜，别有一番风味。在山西广大农村，几乎家家都有一套制醋的经验，庭院中常备有一两个酿醋大缸。

中国自20世纪80年代以来实行改革开放的政策，西方的日常生活饮食也逐渐传入中国，并成为中国的现代新饮食传统。中国人去城里吃牛排之类的西餐已经成为日常生活内容之一，因此有必要对西餐的餐桌礼仪与饮食方式进行介绍。

在西餐正餐中一般顺序为：

1. 头盘，称为开胃品。通常有冷盘和热盘之分。

2. 汤，大致可分为清汤、奶油汤、素菜汤和冷汤等4类。

3. 副菜，水产类菜肴与蛋类、面包类、酥盒菜肴均称为副菜。

4. 主菜，肉、禽类菜肴是主菜。其中最有代表性的是牛肉或牛排。

5. 蔬菜类菜肴，可以安排在肉类菜肴之后，也可以与肉类菜肴同时上桌，蔬菜类菜肴在西餐中多为蔬菜沙拉。

6. 甜品，西餐的甜品是主菜后食用的，可以算是第六道菜。从真正意义上讲，它包括所有主菜后的食物，如布丁、冰淇淋、奶酪、水果等等。

7. 咖啡，饮咖啡的时候一般要加糖。

吃冰淇淋一般使用小勺，当冰淇淋和蛋糕或馅饼一起吃，或作为主餐的一部分时，要用甜点叉和甜点勺。

吃水果馅饼通常要使用叉子。如果主人为你提供一把叉子和一把甜点勺的话，那么就用叉子固定馅饼，用勺挖着吃。如果馅饼是带冰淇淋的，这种情况下，叉勺都要使用。如果吃的是奶油馅饼，最好用叉而不要用手，以防止馅料从另一头漏出。

中餐的餐具主要是碗、筷，西餐则是刀、叉、盘子。通常宴请外国人吃中餐，亦以“中餐西吃”为多，既摆碗筷，又设刀叉。刀叉的使用是右手持刀，左手持叉，将食物切成小块，然后用叉送入嘴内，一般是切一块，吃一块。如果全部切好，再一块一块吃，这种情况主要是大人替小孩子切好，然后再让小孩一块一块吃。欧洲人吃饭时不换手，即从切割到送食均以左手持叉。美国人则切割后，往往把刀放下，右手持叉送食入口。就餐时按刀叉顺序由外往里取用。每道菜吃完后，将刀叉并拢排放盘内，以示吃完。如未吃完，则摆成八字或交叉摆，刀口应向内。切带骨头或硬壳的肉食，叉子一定要把肉叉牢，刀紧贴叉边下切，以免滑开。切菜时，注意不要用力过猛撞击盘子而发出声音。不容易叉的食品，或不易上叉的食品，可用刀把它轻轻推上叉。除喝汤外，不用匙进食。汤用深盘或小碗盛放，喝时用汤匙由内往外舀起送入嘴，快要喝尽时，可将盘向外略托起。吃带有腥味的食品，如鱼、虾、野味等均配有柠檬，可用手将汁挤出滴在食品上，以去腥味。

西式鲜橙牛排

和西餐相比，中国饮食也有一个最大弱点，就是中餐的科学性不强。尽管我们讲究食疗、食补，一向重视以饮食来强身健体，但传统的中餐过分注重饭菜的味、色、形，所以，加工过程中的热油炸和长时间的文火攻都会使菜肴的营养成分破坏。还有，只为追求美味可能使菜肴出现不科学的原料搭配。相比较而言，西餐更看重营养在制作过程中尽量不流失，以留存最多的营养为最高原则，讲求食物的营养成分：蛋白质、脂肪、碳水化合物、维生素及各类无机元素的含量是否搭配合理，热量的供给是否恰到好处，以及这些营养成分是否能为进食者充分吸收，有无副作用。追求清淡少油，强调采用新鲜原料，强调在烹饪过程中保持原有的营养成分和原有的味道。西餐中蔬菜基本上都是生吃，如蔬菜色拉。

当然我们在指出西餐总体上科学性比中餐要强的时候，也要注意西餐中的快餐却是很不科学的，如麦当劳、肯德基之类的快餐店，其快餐食品很不科学，需要我们特别注意。

营养学家指出，食物热量的60%左右来自碳水化合物、25%来自脂肪、12%～15%来自蛋白质是理想的构成比。另外还要求低钠（每天3克~8克氯化钠）、低糖和高膳食纤维（每天20克~30克）。按以上标准衡量，可以发现“洋快餐”具有三高（高热量、高脂肪、高蛋白质）和三低（低矿物质、低维生素和低膳食纤维）的特点。美国出版的一本快餐专著估算，若一日三餐全吃快餐，摄入总热量可达3005千卡，远高于中年男女所需热量值（分别为2700千卡及2000千卡），所以营养学家称“洋快餐”为“能量炸弹”。此外“洋快餐”中脂肪提供的热量达1440千卡，占总热量的48%，大大超过了30%的标准。高热量诱发肥胖，高钠则诱发高血压。由于快餐食品营养严重失衡，所以国际营养学界称“洋快餐”为“JunkFood”，即“垃圾食品”。

“洋快餐”具有成瘾性，严重损害少年儿童智力，诱发肥胖。长期食用“洋快餐”的儿童易患肥胖等慢性代谢性疾病。美国国会议员、营养学家和消费者协会大声呼吁“肥胖和吸烟一样，已成为公众健康问题”，号召“把快餐赶出校园”。充斥校园的快餐使越来越多的美国孩子肚大腰圆。2002年11月，纽约因长期食用“洋快餐”变成肥痴的儿童，在法院控告“麦当劳”引起儿童肥胖。

2003年1月29日伦敦《新科学家》杂志报道：美国科学家发现“洋快餐”具有成瘾性。华盛顿大学内分泌学家施瓦茨对美式快餐（汉堡包、炸土豆片、炸薯条等）生物效应的研究发现，“洋快餐”可引起食用者体内激素变化，导致进食者难以控制进食量。这一爆炸性的发现表明，食用“洋快餐”导致发胖，绝不能简单归结为肥胖者没有自我控制的能力，而是“洋快餐”具有成瘾性。

所以在西式快餐的攻势前面，保持中国传统饮食的民族风格是一个有效的方法，如吸收道家饮食养生之道。道家饮食除了前面强调的与四季气候相应以外，还强调少吃。少吃是道家饮食的一个重要特征，少吃不等于不吃，而是认为使身体保持适度的饥饿感，会使身体处于一个最佳的生理位置。另外道家强调素食，这也是十分符合饮食科学的。

素食与当代饮食生活方式

素食者就是不吃肉、鱼、家禽或任何屠宰场的副产品诸如动物胶的人。素食者以谷物、豆类、坚果、种子类、蔬菜和水果为日常食品；蛋、牛奶和奶制品可以选择吃或不吃。

从概念上，素食分三种：一是全素素食，二是奶蛋素食，三是奶素食。全素素食也称为“严格素食”，是指饮食中只有植物性食物，没有任何动物性食物；奶蛋素食也称为不严格素食，是指饮食中有奶和蛋的素食；奶素食则是指饮食中可以有奶的素食。从营养要均衡的角度看，不严格素食比严格素食要好。严格素食对孕妇、病人、体质特别虚弱者、老年人等不利，因为很难保证获得足够营养。对于儿童来说，素食是不利的。如今吃素已不再是出于宗教的禁忌和约束。吃斋不念佛，是新素食主义的特点。在新素食主义者看来，素食与环保、动物保护一样，代表着一种新的文化品位和现代意识。吃出健康、吃出科学、吃出文化，这是新素食主义者追求的目标。当然，新素食主义并非绝对拒绝肉食，他们所奉行的是基本吃素，坚持动植物食品混食的饮食原则，这也是与传统的吃素的最大区别。

素食已经成为了一种全新的健康生活方式。

在现实生活中，有很多吃素的人，究其原因，一般有三个：

第一，因为信仰。很多宗教都有不准（或在某段时间里不准）吃荤的教义，例如佛教规定僧、尼姑绝对吃素，有些佛教的普通信徒也跟随吃素。他们的素食简单，青菜、豆腐、水果和粮食似乎就是全部了。

第二，为了健康。研究表明，素食对预防高血压、冠心病、肥胖、结石、糖尿病、肿瘤等似乎由营养过剩引起的所谓现代富贵病有重要作用。很多素食者认为与这些严重疾病的威胁相比，素食可能会导致营养不足的缺陷根本算不了什么。

第三，为了环保。吃素食可以节约大量能源，减轻环境污染，有利于保护环境。因为饲养肉食动物需要消耗大量能源（几乎是肉食本身可供能源的10倍）。另外，动物保护主义者认为，宰杀饲养的或野生的动物是残忍的暴行，与人类文明背道而驰。

而且素食是修行的秘方之一。因为许多修行的奥秘与素食相关。人与生存环境、与浩瀚的宇宙之间，彼此有密切的关系。宇宙至高的境界就像一片无止境的喜乐与宁静之洋，是一种最精细微妙的力量，也是爱、和平、纯洁和喜悦的呈现。当这种力量充满大自然时，周遭的环境是欢愉、宁静、清爽而有精神的。而慎选所吃的食物，将会意想不到地滋养身心，帮助我们身体健康和心灵纯净、平和。我们所吃的食物，由于性质的不同，对人体也有不同的影响，许多专事修习解脱道或灵修的修行者，无不提倡素食。因为所有的谷类、水果、蔬菜（葱、蒜、薤除外）、豆类、乳类等植物性食品，能创造一个纯净的身体及神经系统，使我们获得深沉的醒觉与喜悦，身体变得很健康、纯洁、轻松和精力充沛，而且心灵很平静、受控制而感到快乐。所以素食是符合宇宙生息自然法则下的生存方式，若想要与宇宙伟大的力量相融合，了解生命的意义与方向，素食是很好的“善巧方便”。素食往往是与自然和谐的，很有道家的文化精神。

素食不但符合自然生态，而且经常采取素食的方式，会起到养生保健作用。美国饮食协会认为，适当调配的素食有益于健康，有足够的营养，而且有益于预防和治疗某些疾病。素食与减少某些慢性病的危险性及其症状之间存在相关关系。这些慢性病是：肥胖症、冠心病、高血压、糖尿病和某些癌症。素食之所以预防疾病，是因为素食中的饱和脂肪、胆固醇和动物蛋白含量比较低，而叶酸、维生素 C 和 E 等抗氧化剂、类胡萝卜素和植物化学成分的浓度比较高。不仅素食者冠状动脉疾病的发病率比非素食者低，而且素食在控制冠心病方面也是成功的。素食者的总血清胆固醇和低密度脂蛋白胆固醇水平通常较低，素食者的高血压症发病率往往比非素食者低。

说起素食，中国人会很自然地与佛教联系起来，认为素食是佛教徒的饮食生活方式，这当然是一个误解。印度的僧人最早不是素食者，来到中国弘法的印度高僧自然也是非素食者。所以，原来中国的僧人与他们来自印度的师父一样，都是非素食者。如今日本、韩国等大乘佛教信徒，以及中南半岛（越、泰、缅）的小乘佛教信徒，都没有“吃素”；当年释迦牟尼佛时代，弟子亦坚守“托钵”戒律，施主供养什么，他们就吃什么，都慈悲为怀，绝不会一定要施主供养素食，也都有“明心见性”者，或证“阿罗汉果”者不计其数。可见学佛修道者不一定要“吃素”，才能有所成就。慈悲，是一个修行人最重要的美德。

但是，中国佛教在发展过程中，受儒家仁慈思想与孝道的影响很大，一些僧人如道安、慧远等出自个人的意愿，把蔬食看成是一种苦行而选择素食。后来，以菩萨慈悲思想为本的大乘佛教经典明文指出不得食一切众生肉，从因果转回的理论上阐明了食肉的过失。指出众生生生死死，轮转不息，曾经都是父母兄弟、男女眷属，乃至朋友亲戚，如何忍心取之而食。至此素食的经典理论根据被奠定。南朝梁武帝萧衍（464～549年）是一位非常虔诚的佛教徒，他积极提倡素食，于天监十年（511年），颁布《断酒肉文》，令天下所有僧尼不得食肉。从此，素食就成了中国僧人的一种优良传统与美德。

素菜是中国菜的一个重要组成部分，其显著特点是以时鲜为主，清幽素净，选料考究，制作精湛，品种繁多，风味别致。素菜源远流长，远在佛教传入中国之前和中国道教确立以前，就已经有了“素食”之说。但素菜作为一个菜系，是在汉代以后、道教和佛教盛行时逐渐形成的。经过多年的发展，现在的品种已蔚为大观。我国的素菜主要有宫廷素菜、寺院道观素菜和民间素菜三大流派。宫廷素菜是由御厨制作、供帝王斋戒时享用的菜肴，其来源于民间，发展于宫廷，最后又流传于民间。寺院道观素菜是指佛家、道家弟子烹饪的以素食为主的菜肴。民间素菜是在继承传统素菜品种的基础上，吸收了宫廷素菜和寺院素菜的精华而在民间素菜馆和百姓人家中烹制成的菜肴，有自己的流派。由于吃素的对象不同，素菜所包含的内容也就有所不同。一般说来，素菜的原料包括五谷杂粮、豆类、蔬菜、菌类、藻类、水果、干果、坚果等。

在素食中常见的有以下几种，都是素食的理想选择。

一、大白菜

古时又叫菘，有“菜中之王”的美名，据说这是齐白石老先生提出来的。齐老有一幅写意的大白菜图，并题句说：“牡丹为花中之王，荔枝为百果之先，独不论白菜为蔬之王，何也?”于是“菜中之王”的美名不胫而走，流传开来。在我国北方的冬季，大白菜更是餐桌上必不可少的，故有“冬日白菜美如笋”之说。大白菜具有较高的营养价值，有“百菜不如白菜”的说法。秋冬季节空气特别干燥，寒风对人的皮肤伤害极大，而白菜中含有丰富的维生素，多吃白菜，可以起到很好的护肤和养颜效果。白菜中的纤维素不但能起到润肠、促进排毒的作用，还能促进人体对动物蛋白质的吸收。中医认为白菜微寒味甘，有养胃生津、除烦解渴、利尿通便、清热解毒之功。民间也常说：“鱼生火，肉生痰，白菜豆腐保平安。”

莴笋

二、莴笋

又名莴苣、青笋、千金菜等。莴笋口感鲜嫩，色泽淡绿，如同碧玉一般，制作菜肴可荤可素，可凉可热，口感爽脆。它还具有独特的营养价值，能改善消化系统，刺激消化液的分泌，促进食欲。莴笋含有少量的碘元素，它对人的基础代谢、心智和体格发育甚至情绪调节都有重大影响，因此具有镇静作用，经常食用有助于消除紧张、帮助睡眠。

三、黄豆芽

明朝人陈嶷曾有赞美黄豆芽的诗句："有彼物兮，冰肌玉质，子不入污泥，根不资于扶植。"黄豆芽的蛋白质利用率较黄豆要提高10%左右。黄豆在发芽过程中，更多的营养元素被释放出来，更利于人体吸收，营养更胜一筹。春天是维生素B2缺乏症的多发季节，春天多吃些黄豆芽可以有效地防治维生素B2缺乏症。黄豆芽能减少体内乳酸堆积，治疗神经衰弱，消除疲劳。黄豆芽还能保护皮肤和毛细血管，防止小动脉硬化，防治老年高血压。黄豆芽还是美容食品，常吃黄豆芽能营养毛发，使头发保持乌黑光亮，对面部雀斑有较好的淡化效果。吃黄豆芽对青少年生长发育、预防贫血等大有好处。

四、萝卜

我国是萝卜的故乡，栽培食用历史悠久，早在《诗经》中就有关于萝卜的记载。它既可用于制作菜肴，炒、煮、凉拌等俱佳；又可当作水果生吃，味道鲜美；还可腌制泡菜、酱菜。萝卜营养丰富，有很好的食用、医疗价值。有"冬吃萝卜夏吃姜，一年四季保安康"或者"萝卜进了城，药店就关门"的说法。萝卜中的芥子油和精纤维可促进胃肠蠕动，有助于体内废物的排出。萝卜还是一味中药，其性凉味辛甘，可消积滞、化痰清热、下气宽中、解毒。

五、黄瓜

最初叫“胡瓜”，这是因为它是西汉时从西域引进的。李时珍说：“张骞使西域得种，故名胡瓜。”黄瓜的含水量为96%～98%，它不但脆嫩清香，味道鲜美，而且营养丰富。《本草纲目》中记载，黄瓜有清热、解渴、利尿、消肿之功效。像伟大的现代作家鲁迅最喜欢吃的食物中就有黄瓜，认为黄瓜吃起来有泥土的新鲜气息。

六、韭菜

在北方是过年包饺子的主角。其颜色碧绿、味道浓郁，无论用于制作荤菜还是素菜，都十分提味。韭黄又名黄韭、韭白，是韭菜的软化栽培品种，因不见阳光而呈黄白色，其营养价值要逊于韭菜。韭菜含有较多的粗纤维，能增进胃肠蠕动，可有效预防习惯性便秘。这些纤维还可以把消化道中的头发、沙砾、金属屑甚至是针包裹起来，随大便排出体外，有“洗肠草”之称。韭菜含有挥发性精油及含硫化合物，具有促进食欲和降低血脂的作用，对高血压、冠心病、高血脂等有一定疗效。含硫化合物还具有一定杀菌消炎的作用。此外，韭菜有温中行气、保暖健胃的功效。韭菜在中医看来，还有壮阳的作用。

七、芹菜

常用蔬菜之一，既可热炒，又能凉拌，深受人们喜爱。近年来诸多研究表明，这是一种具有很好药用价值的植物。芹菜含铁量较高，是缺铁性贫血患者的佳蔬。芹菜是治疗高血压病及其并发症的首选之品，对于血管硬化、神经衰弱患者亦有辅助治疗作用。芹菜的叶、茎含有挥发性物质，别具芳香，能增强人的食欲。芹菜汁还有降血糖作用。经常吃些芹菜，可以中和尿酸及体内的酸性物质，对防治痛风有较好效果。芹菜含有大量的粗纤维，可刺激胃肠蠕动，促进排便。

八、南瓜

又称倭瓜、饭瓜，很早就传入我国，广泛栽种、食用，因此有“中国南瓜”之说。在我国，南瓜既当菜又当粮，在乡下很有人缘。近年来，人们发现南瓜不但可以充饥，而且还有一定的食疗价值，于是土味十足的南瓜得以登大雅之堂。南瓜中含有丰富的果胶和微量元素钴。果胶可延缓肠道对糖和脂质的吸收；钴的含量较高，是其他任何蔬菜都不可相比的，它是胰岛细胞合成胰岛素所必需的微量元素，常吃南瓜有助于防治糖尿病。此外，南瓜维生素A含量胜过绿色蔬菜。

九、西红柿

又名番茄、洋柿子。相传西红柿最早生长在南美洲，因色彩娇艳，人们对它十分警惕，视为“狐狸的果实”，又称狼桃，只供观赏，不敢品尝。现在它是不少人餐桌上的美味。西红柿含有丰富的胡萝卜素、维生素 B 和 C，尤其是维生素 P 的含量居蔬菜之冠。番茄红素对心血管具有保护作用，并能减少心脏病的发作。番茄红素具有独特的抗氧化能力，能清除自由基，保护细胞，使脱氧核糖核酸及基因免遭破坏，能阻止癌变进程。西红柿性甘酸微寒，有生津止渴、健胃消食、凉血平肝、清热解毒、降低血压之功效，对高血压、肾脏病人有良好的辅助治疗作用。多吃西红柿具有抗衰老作用，使皮肤保持白皙。尼克酸能维持胃液的正常分泌，促进红血球的形成，有利于保持血管壁的弹性和保护皮肤，所以食用西红柿对防治动脉硬化、高血压和冠心病也有帮助。西红柿多汁，可以利尿，肾炎病人也宜食用。西红柿含有一种叫果胶的食物纤维，有预防便秘的作用。

十、土豆

是一种粮菜兼用型的蔬菜，学名马铃薯，与稻、麦、玉米、高粱一起被称为全球五大农作物。在法国，土豆被称作“地下苹果”。土豆营养成分齐全，而且易为人体消化吸收，在欧美享有“第二面包”的称号。土豆淀粉在体内被缓慢吸引，不会导致血糖过高，可用作糖尿病患者的食疗。土豆所含的粗纤维，有促进胃肠蠕动和加速胆固醇在肠道内代谢的功效，具有通便和降低胆固醇的作用，可以治疗习惯性便秘和预防血清胆固醇增高。土豆是低热能、高蛋白、含有多种维生素和微量元素的食品，是理想的减肥食品。科学证明，含钾高的食物可以降低中风的发病率。每 100 克土豆含钾高达 300 毫克，专家认为，每周吃 5 ~ 6 个土豆可使中风机会下降 40% 。中医认为，土豆性平味甘，具有和胃调中、益气健脾、强身益肾、消炎、活血消肿等功效，可辅助治疗消化不良、习惯性便秘、神疲乏力、慢性胃痛、关节疼痛、皮肤湿疹等症。土豆对消化不良的治疗有特效，是胃病患者的良药及优质保健食品。

十一、冬瓜

形状如枕，又叫枕瓜，产于夏季。为什么夏季所产的瓜，却取名为冬瓜呢？这是因为瓜熟之际，表面上有一层白粉状的东西，就好像是冬天所结的白霜。也是这个原因，冬瓜又称白瓜。冬瓜有良好的清热解暑功效。夏季多吃些冬瓜，不但解渴消暑、利尿，还可使人免生疔疮。因其利尿，且含钠极少，所以是慢性肾炎水肿、营养不良性水肿、孕妇水肿的消肿佳品。它含有多种维生素和人体所必需的微量元素，可调节人体的代谢平衡。冬瓜性寒，能养胃生津、清降胃火，使人食量减少，促使体内淀粉、糖转化为热能，而不变成脂肪。因此，冬瓜是肥胖者的理想蔬菜。冬瓜有抗衰老的作用，久食可保持皮肤洁白如玉，润泽光滑，并可保持形体健美。

十二、菠菜

古代中国人称菠菜为“红嘴绿鹦哥”，又叫波斯菜、赤根菜。《本草纲目》中认为食用菠菜可以“通血脉，开胸膈，下气调中，止渴润燥”。古代阿拉伯人也称它为“蔬菜之王”。菠菜不仅含有大量的胡萝卜素和铁，也是维生素 B6、叶酸、铁质和钾质的极佳来源。菠菜含有十分可观的蛋白质，每 0.5 千克菠菜相当于两个鸡蛋的蛋白质含量。菠菜还富含酶。如果你的脸色不佳就请常吃菠菜，它对缺铁性贫血有改善作用，能令人面色红润，光彩照人，因此被推崇为养颜佳品。菠菜叶中含有一种类胰岛素样物质，其作用与胰岛素非常相似，能使血糖保持稳定。菠菜丰富的维生素含量能够防止口角炎、夜盲等维生素缺乏症的发生。菠菜含有大量的抗氧化剂，具有抗衰老、促进细胞增殖作用，既能激活大脑功能，又可增强青春活力，有助于防止大脑的老化，防治老年痴呆症。哈佛大学的一项研究还发现，每周食用2～4次菠菜的中老年人，可降低视网膜退化的危险，从而保护视力。菠菜长于清理人体肠胃的热毒，中医认为菠菜性甘凉，能养血、止血、敛阴、润燥，因而可防治便秘，使人容光焕发。

十三、红薯

又称白薯、番薯、地瓜、山芋、红苕等，在植物学上的正式名字叫甘薯。红薯味道甜美，营养丰富，又易于消化，可供给大量热量，所以有的地区把它作为主食。红薯的蛋白质质量高，可弥补大米白面中的营养缺失，经常食用可提高人体对主食中营养的利用率，使人身体健康，延年益寿。红薯中含的纤维素比较多，对促进胃肠蠕动和防止便秘非常有益。红薯对人体器官有特殊的保护作用，可抑制胆固醇的沉积，保持血管弹性。它还是一种理想的减肥食品，它的热量只有大米的1/3，而且因为其富含纤维素和果胶，而具有阻止糖分转化为脂肪的特殊功能。不过，红薯不可多吃，否则容易胀气。

十四、玉米

世界五大长寿之乡的主食均为玉米。玉米是粗糙纤维食物，热量不高，纤维粗，能使肠道加速蠕动，减少便秘，减少毒素的吸收。

玉米在世界上被认为是最佳营养食物。每100克玉米能提供近300毫克的钙，几乎与乳制品中所含的钙差不多。丰富的钙可起到降血压的功效。此外，玉米中所含的胡萝卜素，被人体吸收后能转化为维生素A，具有防癌作用；植物纤维素能加速致癌物质和其他毒物的排出；天然维生素E则有促进细胞分裂、延缓衰老、降低血清胆固醇、防止皮肤病变的功能，还能减轻动脉硬化和脑功能衰退。研究人员指出，玉米含有的黄体素、玉米黄质可以对抗眼睛老化。此外，多吃玉米还能抑制抗癌药物对人体的副作用，刺激大脑细胞，增强人的脑力和记忆力。专家们对玉米、稻米、小麦等多种主食进行了营养价值和保健作用的各项指标对比结果发现，玉米中的维生素含量非常高，为稻米、小麦的5~10倍。

十五、豆腐

豆腐质地细嫩，味道鲜美，营养价值高。据分析，每100克豆腐中含蛋白质4.7克、脂肪3.5克、糖2.7克、钙277毫克、磷57毫克、铁21毫克，豆腐中有人体必需的8种氨基酸，含量高，属高植物蛋白营养食品，其蛋白在人体消化率达到86%。所含不饱和脂肪酸中能分解人体胆固醇，防止血管硬化必需的亚油酸占总量的50%以上。还富含维生素E和大脑、肝脏所必需的卵磷脂、脑磷脂、肌醇磷脂以及可降低高血脂患者胆固醇的谷固醇。此外，还含有硫胺素、核黄素、烟酸等维生素。所以豆腐是很好的营养副食品，很适于老人、儿童食用。

豆腐是用煮沸的豆浆用石膏或卤水点成，石膏中含钙，卤水含镁，所以钙镁较多。钙质对儿童的骨骼、牙齿的生长有特殊意义。镁盐对心肌有帮助作用，对冠心病患者有利。《本草纲目》说豆腐能“中益气，和脾胃，消胀满，下大肠浊气”及“清热散血”等。《随息居饮食谱》说，多吃豆腐有“清热、润燥、生津、解毒、补中、宽肠、降浊”等功效。

但吃豆腐也不能过量，否则会引起消化不良。豆腐中含有极为丰富的蛋白质，一次食用过多不仅阻碍人体对铁的吸收，而且容易引起蛋白质消化不良，出现腹胀、腹泻等不适症状。

以上列举了 15 种常见的素食原料，一个主要原则就是不要长时间单一地食用一种蔬菜，最好的方法是均匀搭配，交替食用，这样营养会更全面。

现在中国有许多著名的素菜馆，如天津的“津门第一素”圆满素食林饭庄。天津圆满素食林饭庄自 2001 年 6 月开业以来，在秉承传统素食文化的基础上，结合现代健康饮食理念，以绿色、天然食品为主料，创新出适合于各种不同人群健康需求的素食菜肴。“素食荤做”的料理方式，在品味美食珍馐的同时，享受着健康饮食带来的快乐感受。素食菜品特点是高蛋白、高纤维、低脂肪、不含胆固醇，对健康人群或亚健康状态的人群能起到食疗作用。圆满素食林还设有文化书角，常年备有多种健康书籍，供食客阅读。

圆满素食林的素食是用植物油、蔬菜、豆制品、面筋、竹笋、菌类、藻类和干鲜果品等植物性原料烹制的菜肴。经过初加工的常用素菜原料有：用黄豆加工成的豆腐及豆制品，用面粉加工成的面筋和烤麸等，以及粉皮、粉丝等。素菜的烹饪方法与荤菜基本相仿，但在具体操作过程中，又有独到之处。常用的素菜烹饪方法主要有拌、卤、炝、酥、熏、腌、卷、炒、炸、熘、烧、烩、熬、焖、扒、爆、炖、蒸、蜜汁、挂浆、挂霜。此外素菜也有其造型、组合及装饰技艺，其中"仿荤"是素菜制作的一大特色。但素菜的烹饪技艺主要在于色、香、味，而不在于形。因为最好的素菜在于素菜本身的特色，失去了固有的特色，也就不能成为佳肴了。如今人们对自身健康有着越来越高的期望，素食也已成为饮食时尚。随着"穿要布，吃要素"的潮流主张，现在的素食原料更加丰富，烹饪方式日趋多样化。使得现代人从内心里真正地喜爱素。天津圆满素食林提供的素食品种有精美冷拼、炒菜、特色菜、锅仔类、汤羹菜等系列素食 500 余种，"灌汤龙虾"、"牡丹鲍鱼"等 10 个菜品是该店的金牌菜。

当然有一点也必须指出来，中国人讲究美食，为追求素食也有荤食一般的外观与口感，也发展出许多仿荤食的素菜，如素鸡、素鸭、素排骨、素火腿等，尤其为了追求美味及饱足感，植物油都用的很多。仿肉类的素菜是以黄豆加工制成，但也不乏在加工过程中不当添加食品添加物，对身体会造成什么负担很难讲，因此这类素菜还是适量食用为宜。油放得多所造成的问题，也让素食者所推崇素食的优点如可以控制体重，预防肥胖、心血管疾病、癌症等疾病的效果大打折扣。因此，也建议素食者不要因为追求美味而用了太多的烹调植物性用油。

在我国的台湾，素食人群大约有200万，大大小小的素食餐厅有4000家之多。台湾素食的选料制作都十分讲究，花色品种也很丰富，不仅有中国传统的素食，还网罗各地小吃及异国料理，像日式冷盘，法式浓汤，各种煲类、砂锅，药膳等。台湾素食在一定程度上也是社会文明进步的象征。

而在美国有1600万人选择了终身食素。从20世纪80年代开始，美国的食素人群急剧增加。据最新调查显示，已经有37%的美国青年选择少吃红肉，而红肉就是指猪肉、牛肉、羊肉，而这些美国青年也将成为美国食素的主力军。

可以预计的是，中国内地在全球化浪潮的影响下，也会有越来越多的人选择素食。

合餐制与分餐制

分餐制在西方是一件再平常不过的事，但在我国还不多见，推行起来也有不少困难。因为国人讲感情，或严格地说，是讲感情的外在形式。亲友在一起，只有“聚餐”，才显得亲热，特别是酒逢知己，还要打架似的劝酒、划拳，唾沫像雨点似的满桌飞洒也无所谓。其实这种就餐形式不太科学。

民以食为天，食以安为先，安全卫生是人们选择餐饮服务的首要条件。中国人用餐注重热闹、团圆，习惯于七大盘八大碗、十几个人围坐在一起共同用餐的合餐制。可是，唾液是很多传染病的重要传播途径，传统的合餐习惯会因此传播一些消化道疾病。而西餐是采取分餐式，餐具与菜点全部为一人一份，热菜一律改小，统一由厨房分装，每人一盘，一刀一叉。这样的用餐形式可以保证饮食卫生，防止病毒交叉传播。从这一点上说，它是一项安全、卫生的饮食方式。

其实在中国古代，在唐宋以前，还是盛行分餐制的，到了北宋以后才变成如今的合餐制，分餐的历史要比合餐长得多。如秦朝末年刘邦赴鸿门宴就是实行分餐制的。

《史记·项羽本纪》记载："项王即日因留沛公与饮。项王、项伯东向坐，亚父南向坐。亚父者，范增也。沛公北向坐，张良西向侍。范增数目项王，举所佩玉玦以示之者三，项王默然不应。"

"鸿门宴"是两个军事首领间的"会晤"，不适用君臣之间的座次方向。项羽东向坐是最尊，亚父南向坐是次尊，刘邦坐第三等的席位。因为是朝不同的方向坐的，而且在不同的案上，所以当时的中国还是分餐制的。

两汉和三国时，由于还是采用食案，分食制（一人一案）也保留下来。反而在"五胡乱华"后，胡床、椅子、高桌、凳等座具相继问世，合食制（围桌而食）在唐末宋初才流行开来。

唐五代时，餐制仍处在两餐向三餐的过渡阶段。从文献记载看，有时是一日三餐，有时是一日二餐，有时是在两餐外再用点点心，从事重体力劳动时，也记载有"夜饭"，但定量比另外两餐要少一些。在有"案"的时代，敦煌人席地而坐，实行分食制，食物放在案上，由厨师或仆人"举案"放在食者前面。从壁画上看，唐五代时的敦煌，食桌已完全代替了案，人们围坐而食。从进餐图中，可以明显看出敦煌人已围坐在餐桌（一种低矮的长方形桌，像现在的茶几）周围进餐，但与今天的合食制有着本质的区别，这就是每个人的食品仍然分开，每人面前放盘碟，由厨师或专人将食品分给每位进餐者。

当食物相对匮乏时，“按人均分”是比较适合的分配原则。要获得平均，就需要在就餐之前将食物分为相等的若干份，这便形成了原始的分餐制。很早以前我们是没有桌椅的，古人们习惯于“席地而坐，凭俎案而食”，就是把用芦苇编成的席子铺放在地上作为坐具，面前放置俎或案以盛放食具等东西作为食案，吃饭时在席上跪坐着吃，即所谓“跽坐”。游牧民族进入中原以后，与中原地区的文化相互融合、影响，带来了新的家具。早在东汉后期，游牧民族的胡床（一种比较低矮的坐椅）就已传入中原。这种椅子的应用使原来的跪姿转变成了坐姿，这样，矮小的俎案就不再适应坐姿变化的要求，便渐渐地被淘汰。而且，这时的房屋较以前更加高大起来，正好需要高大家具的配合。于是大案高桌开始出现并迅速发展。那么，如果再沿袭原来的分餐制，每人都要有一套高大的桌椅，四五个人或许尚还可以，人数再多就会造成浪费，而且也太沉重，占用空间多，何不合而为一，同盘而食呢？

因此中国后来实行合餐制也是受到了游牧民族文化的影响，但当面临西方文化的影响时，这种合餐制又显得不太科学了，特别是在 2003 年上半年“非典”（SARS）流行的时候，社会上要求实行分餐制的呼声很高。

在“非典”时期，分餐成为一种生活新时尚。过去，每到吃饭时，同事之间总是三三两两到餐馆聚餐，图个热闹，也能交流感情。分餐可以避免人们在吃饭时感染“非典”，是对他人和自己生命安全的一种尊重。有人向餐厅订餐，有人从家中带饭，还有人干脆买些方便面、火腿肠，基本都是在公共场合单独进餐。

“非典”的爆发实在太突然。一时间，各式各样的饭局免了，名目繁多的会议少了，数不清的公关活动没了，回家吃饭的机会多了，社会风气也明显好转了。平日里，忙碌在外的经商者、为生活奔波的老百姓，还有那些为事业奋斗的青年男女们，终于有了与家人团圆的机会。“常回家看看”这句歌词再也不是唱在嘴边，而是实实在在地付诸行动。“非典”中，“洋快餐”们之所以受影响较小，与其实行分餐制、更注重卫生的优势也是密不可分的。

随着非典型性肺炎防治工作的深入，预防“非典”的措施和知识也成为媒体宣传的热点。2003 年 4 月 20 日，中国商业联合会发出紧急通知，要求全国商业及餐饮、美容美发等服务业采取切实措施做好“非典”防范工作。通知要求大中型商场要配备“非典”急救药品和器具，安排有医护知识和救护技能的工作人员担任巡视，要为消费者提供洗手、消毒和购买防疫商品的便利条件，出售食品的员工必须戴手套和口罩。据 2003 年 4 月 24 日新华社电，为积极有效地预防“非典”疫情在餐饮业蔓延传播，全国餐饮企业将采用分餐制，每个客人餐具专用、菜品分餐，散座餐桌上增添公筷公勺餐具，防止病毒交叉感染。

通知同时强调，饭店酒店等餐饮场所是防治“非典”的重点场所，要求饭店、酒店等餐饮场所实行全面消毒，积极推行分餐制，以降低交叉感染的可能性。沐浴、美发美容等直接为居民服务的行业，工作人员必须戴口罩上岗，并保证身体无病。

其实广州不少大宾馆大酒店在“非典”之前早就实行了分餐制。广州“白天鹅”宾馆的高档宴席一般都实行分餐制，如果是普通食堂，也会征求客人的意见。如果客人不愿意分餐，宾馆会为客人准备公筷公勺。据了解，公筷公勺制已经在胜利宾馆等广州大宾馆酒店推行。

广州酒家也表示，他们很早就实行分餐制了，通常都是在客人点菜时就询问客人意见。一道菜从做好到上桌全过程都会盖上碗盖，以保证绝对卫生，并为每道菜准备好公筷公勺。

但不少小酒楼经营者认为，如果店里来了"非典"感染者，是否分餐其实都一样危险，所以暂未有这方面的打算。一家火锅店老板说，火锅实行分餐制的操作性就较差。"有多少人会每次都拿公筷去夹火锅里的菜呢?"

对中小型的中餐酒楼来说，实行分餐制有较大的麻烦。也有许多市民表示，"非典"期间会减少去酒楼吃饭的次数，如果去，也不会特意实行分餐，因为"这样做会让朋友感觉不舒服"。

从根本上说，这次给人类带来极度恐慌和严重危害的 SARS 病毒是"病从口入"，是千百年形成的暴殄天物的饮食文化结下的恶果。我们一直把食用各种动物特别是野生动物当成"山珍海味"来欣赏它，以为野生动物不仅味美，而且有药用价值，像"果子狸"、"活猴脑"、"龙虎斗"、"红烧猫肉"……我们把吃这些野生动物当成了最高境界，把这种病态的饮食文化发扬到极致。

反思中国的饮食文化，我们可以清晰地看到，中国饮食文化需要革除的东西有很多，而其中最为根本的就是要善待野生动物，把野生动物从中国饮食文化的"食谱"中清除。"非典"暴发后，中国烹饪协会启动全国餐饮业"非典"疫情应急方案，措施之一就是减少生食和野味品种的供应。几乎同时，国家林业局、国家工商行政管理总局也联合发出“停止野生动物市场经营活动”的紧急通知，禁食野生动物立法已经提上日程。

说来有些滑稽，“非典”在2003年6月在全国范围内基本结束后，分餐制这一问题马上就被遗忘了，中国人还是又回到了合餐制。只有在一些大酒店里，有的还是实行分餐制，但一般情况下，中国人还是习惯于合餐进食。

说到这儿，这本小书也结束了，最后以两句话作为本书的一个结语。

第一句话：中华民族的传统饮食在有些方面虽然不太科学，但是它也在逐渐改变自身，使之更加科学营养卫生，因此我们对中国传统饮食文化的发展充满信心。

第二句话：日常饮食还是要以适度和多样化为原则，在这方面，我们应该继承传统道家的饮食养生观，食物以清淡自然为主，并保持适度的饥饿感，不要暴饮暴食。

参考书目

1. 徐海荣主编．中国饮食史．北京．华夏出版社，1999.

2. 林乃燊．中国饮食文化．上海．上海人民出版社版，1989.

3. 马宏伟．中国饮食文化．呼和浩特．内蒙古人民出版社，1992.

4. 黎虎主编．汉唐饮食文化史．北京．北京师范大学出版社，1998.

5. 王仁湘．往古的滋味——中国饮食的历史与文化．济南．山东画报出版社，2006.

6. 符中士．吃的自由．北京．人民文学出版社，1997.

7. 周作人．周作人散文精编．杭州．浙江文艺出版社，1994.

8. 网络资料："中华食神网"、"中国素食网"、"中国茶道网"、"中国小吃网"．